D1629315

Hans-Eduard Hengstenberg

Die Marienverehrung

HANS-EDUARD HENGSTENBERG

DIE MARIENVEREHRUNG

J.H. RÖLL

Die Deutsche Bibliothek — CIP-Einheitsaufnahme

Hengstenberg, Hans-Eduard:
Die Marienverehrung / Hans-Eduard Hengstenberg. – 2. Aufl. –
Dettelbach: Röll, 1996
     ISBN 3-927 522-59-7

© 1996 Verlag J.H. Röll, Dettelbach.
2. Auflage
Gedruckt auf chlorfreiem, alterungsbeständigem Papier.
Satz: Stefan Morsch (Verlag Röll)
Druck: Difo-Druck GmbH, Bamberg
Bindung: Offizin, Hildburghausen

Printed in Germany
ISBN 3-927 522-59-7

INHALT

EINFÜHRUNG

Die nachfolgende kleine Schrift geht auf Erfahrungen zurück, die ich während meiner fünfjährigen Soldatenzeit als Christ machte. Kurz nachdem ich meine damals geheim verbreitete Schrift „Die religiöse Situation des Soldaten heute (1942)" abgeschlossen hatte, wurde ich in Frankreich mit der Literatur über die Ereignisse von Fatima vertraut. Ich erkannte, daß in der Botschaft von Fatima ein besonderer Weg gewiesen war, die moderne Massendämonie, die sich mir im Leben des „Kommiß" besonders aufdrängte, zu überwinden.

Die Hauptgedanken des Folgenden schrieb ich erstmalig in einem Aufsatz „Fatima in den Wehen der Zeit" nieder unter den widrigsten Verhältnissen des militärischen Milieus. Nach Beendigung des Krieges wurde dann das Ganze noch einmal durchdacht unter Verwendung von Material von Vorträgen, die ich in den letzten Jahren gehalten habe. Das Ergebnis ist die vorliegende kleine Schrift. An die thematisch erste Stelle ist nunmehr die Marienverehrung und die Marien-Weihe im besonderen getreten. Die Botschaft von Fatima ist dabei als Beleg und Stütze ausgewertet.

Die Schrift erhebt keineswegs den Anspruch auf allseitige Behandlung des Gegenstandes. Der Entstehungsgeschichte gemäß kommt es mir nur darauf an, einige Richtlinien herauszustellen, die für unsere religiöse Situation und unseren Geisteskampf als Christen von Wert sein könnten. Nur mit Rücksicht auf die Dringlichkeit dieser Situation glaube ich, es rechtfertigen zu können, daß ich mich als Laie an die fast rein theologische Behandlung der Fragen heranwage. Es geschieht auch nur in der Hoffnung, daß die Theologen das klären und weiterführen, was in den folgenden Zeilen begonnen ist.

Der Verfasser

DIE BEGRÜNDUNG DER
MARIENVEREHRUNG

Das Unzureichende der psychologischen
Begründungen

Warum Marienverehrung? Ist nicht Christus alles in
allem? Genügt Sein Erlösungswerk nicht zu unserem
Heil? Ist nicht jede Nennung eines Namens außer dem
des Gottessohnes im Zusammenhange mit dem Heilsplan eine Herabsetzung Christi? Solche Fragen tönen
uns heute von verschiedenen Seiten entgegen, wenn
von einer Verpflichtung zur Marienverehrung für jeden einfachen und jeden gebildeten Christen die Rede
ist.

So urchristlich und zugleich dogmatisch einwand-
frei diese Einwendungen gegen eine besondere Verehrung der Gottesmutter klingen mögen, sie sind es doch
nicht ganz. Sie sind vielmehr aus einer religionsge-
schichtlichen Situation erwachsen, die für unseren
deutschen Geistesraum, für unser religiöses Selbstver-
ständnis charakteristisch ist. Das reformatorische Denken hat dabei unbewußt Pate gestanden.

Zunächst möchten wir eine Gegenfrage stellen: Ist
mit dem Heilsplane Gottes des Vaters mit innerer Notwendigkeit Maria verbunden? Mit anderen Worten:
Mußte sich Gott der Vater notwendig Mariens bedienen, wenn er uns von der Sünde erlösen wollte? Die
Frage ist gewiß zu verneinen, denn sonst wäre Gott in

seinem Rettungsplane abhängig von einem Geschöpf. *Also* — so werden uns die oben genannten Gegner in die Rede fallen — ist auch die Marienverehrung etwas Zweitrangiges in unserer Frömmigkeit, sie führt vom „Wesentlichen" unserer christlichen Existenz ab!

Hier scheiden sich die Wege. Wir argumentieren nämlich gerade umgekehrt: Wenn Gott der Vater nicht gezwungen war, sich Mariens zu bedienen für unsere Rettung, wenn Maria aus dem Gedanken der Erlösung nicht notwendig folgt, dann ist ihre Einführung in den Ablauf des Heilsgeschehens für uns eine *neue Tatsache*, die wir nicht logisch ableiten, sondern nur demütig hinnehmen können. *Also* ist Maria in der „Idee der Erlösung" und der „Idee des Erlösers" durchaus nicht in dem Sinne enthalten, wie eine Folgerung keimhaft in einem Grundgedanken enthalten ist. *Also* ist in Maria für uns etwas Neues gegeben, was von uns eine gesonderte Beachtung verlangt, wenn wir uns dem Heilsplane Gottes so erschließen wollen, wie Er es fordert.

Ja, hier scheiden sich zwei Grundtypen der Frömmigkeit. Die einen kommen rein von der „Idee", vom rein „Geistigen" her und wollen aus der christlichen Religion ein strenges Gefüge einsichtiger Sätze machen (mag auch am Anfang der Glaube stehen). Sie meinen, das „Wesentliche" am Christentum herausschälen und es vom „zufälligen" Beiwerk „reinigen" zu können. Die Väter dieser Art führen in die ersten christlichen

Jahrhunderte zurück. Es sind die Gnostiker, die bis zu gewissem Grade in der protestantisch reformatorischen Lehre wiedererstanden sind. Diese Grundhaltung wird für Maria wenig Aufgeschlossenheit zeigen. Auf der anderen Seite steht jene Haltung, die zwar nicht die Ideen leugnet und auch nicht daran verzweifelt, etwas vom inneren Sinn des göttlichen Heilsplanes zu erfassen, die aber sich dessen bewußt ist, daß wir zu diesen Ideen und diesem Sinn nur durch eine vorbehaltlose und demütige Hingabe an die geschichtlichen Tatsachen des göttlichen Heilsweges gelangen können. Für diese Haltung wird Maria kein zufälliges Beiwerk, die Mariologie keine Abschwächung der Christologie sein: Gott hätte uns ohne Maria erlösen können. Aber nachdem Er sie tatsächlich mit einer bestimmten Aufgabe im Heilsplan betraute, können wir uns diesem Heilsplan nicht anschließen, ohne ein bestimmtes Verhalten zu Maria zu verwirklichen.

Die erste Haltung muß folgerichtig zu einer Auflösung des religiösen christlichen Gehaltes führen. Man kann nämlich noch weiter gehen. War zu unserer Erlösung von der Idee her gesehen unbedingt notwendig, daß Christus kam? Auch das muß verneint werden. Denn Gott der Vater hätte in seiner Allmacht auch noch andere Wege wählen können, um die Menschheit zu retten. Er hätte sich mit einem Propheten, einem bloßen „Gesandten" für die erkrankte Menschheit begnügen können. Daß dieser Gedanke richtig ist, wird von katholischen Dogmatikern bestätigt.[1] *Also* — so könnte man folgern wollen — ist Christus „unwesentlich" für den göttlichen Heilsplan mit den Menschen. Gott allein genügt, Er ist alles in allem. Wenn man von der „reinen Idee" der Erlösung her kommt, muß man wie Maria so auch Christus streichen und die Erlösungslehre und Erlösungsidee von beiden „reinigen". Wir folgern wieder gerade umgekehrt: Wenn Gott der Vater nicht darauf angewiesen war, zur Rettung aus unserem Verderben Seinen Sohn zu schicken, so ist doch die *Tatsache*, daß Er ihn sandte, um so verpflichtender für uns. Diese Tatsache ist für uns etwas *Neues*, was aus der Idee nicht zu folgern war. Wir müssen uns dieser Tatsache demütig staunend hingeben in Ehrfurcht vor der unerforschlichen und unbegreiflichen *Liebe* des Vaters. Nachdem Gott der Vater die Fleischwerdung des Wortes in den Heilsplan einsetzte, können wir diesen Heilsplan nicht mehr an uns erfahren, ohne uns dem fleischgewordenen Worte — dem im Stalle zu Bethlehem einmalig geschichtlich geborenen Worte — hinzugeben

Die „Reinigung" unserer Frömmigkeit von Maria und die „Reinigung" von Christus, beides liegt auf derselben Ebene, bezeichnet nur verschiedene Phasen der Entwertung christlichen Gehaltes. Die Religionsgeschichte zeigt, daß der Weg des Verfalls tatsächlich

---

[1] Vgl. Matthias Josef Scheeben, Die Mysterien des Christentums, 3. Aufl. Freiburg 1911, S. 305ff.

12

so gegangen ist: die Ablehnung Mariens führt auf die Dauer die Ablehnung Christi mit sich, weil beides auf der gleichen Grundhaltung beruht, die wir nach obigen Anmerkungen die „gnostische" nennen. Man könnte sie auch die „idealistische" nennen, weil hier versucht wird, den Inhalt des religiösen Glaubens aus der reinen Idee abzuleiten, ohne demütige Hingabe an die heilsgeschichtlichen Tatsachen.

Aus diesen einleitenden Gedanken wird schon ersichtlich, daß wir die Marienverehrung letztlich nur aus der Stellung begründen können, die Maria *tatsächlich* im Heilsplane Gottes des Vaters einnimmt. Je nach dieser Stellung werden wir den Umfang und die Verpflichtung der Marienverehrung für jeden einzelnen Christen ermessen.

Demgegenüber müssen unzureichend bleiben alle Versuche, die Marienverehrung *psychologisch* zu begründen.

So sagen einige: Maria ist das höchste Vorbild der reinen und vollkommenen Mutter. An diesem Vorbild sollen sich unsere Frauen und Mädchen emporranken. Nun leugnen wir nicht, daß Maria tatsächlich dieses Vorbild ist. Aber der Beweggrund zur Marienverehrung ist hier doch nur rein natürlicher und menschlicher Art, und dementsprechend bleibt die Wirkung im Menschlichen stecken. Was hier erzielt wird, braucht nicht mehr zu sein als das, was auch sonst eine edle humanistische Erziehung zur Steigerung der menschlichen Natur erreicht. Wohl erkennt man gläubig an, daß Maria dieses Vorbild der reinsten Mutterschaft nur sein kann auf Grund ihrer unbefleckten Empfängnis. Aber dieser übernatürliche Faktor wirkt doch nur mittelbar in die Marienverehrung herein, sofern er hier der psychologischen Begründung eine letzte Sicherung gibt. Maria wird nicht verehrt um ihrer selbst willen, bzw. um Gottes des Vaters willen, nicht um ihrer Stellung im Heilsplane willen, sondern umgekehrt wird ihre Stellung im Heilsplane anerkannt und verwertet, um eines menschlichen Erfolges und Nutzens willen (wenn auch eines geistig-religiösen Nutzens). Die Dogmatik wird in den Dienst der Psychologie und Pädagogik gestellt, anstatt umgekehrt, wie es richtig wäre, die letzteren in Dienst der Verherrlichung Gottes in Maria zu stellen. Die Ordnung wird umgekehrt.

Wir leugnen natürlich nicht, daß es einen psychologischen und religiösen Gewinn bedeutet, Maria zu verehren als die reine Mutter und unbefleckt Empfangene. Aber dieser Gewinn darf nur Folge und unbezweckte Auswirkung, Geschenk der Marienverehrung sein, nicht deren letzter Beweggrund. Ist er letzter Beweggrund, so ist die Marienverehrung nicht mehr uneigennützig, wie es der hl. Grignon von Montfort so entschieden verlangt hat, und die Ehre Mariens wird auf die Dauer mehr herabgesetzt als erhöht. Maria wird zu einem Mittel der christlichen Pädagogik und Psychologie.

Wird der Gewinn zum Beweggrund, so fehlt der Marienverehrung das letztlich Verpflichtende. Es könnte jemand sagen: eine hochstehende Frau meiner nächsten Umgebung steht mir näher und sie kann mir deshalb mehr Gewinn bringen als Maria, die ich nie gesehen habe. Außerdem erscheint Maria alsbald nur noch als eine besonders hochstehende Frau. Ihre übernatürliche Stellung im Heilsplane tritt aus dem Blickfeld.

Wird der Gewinn zum letzten Beweggrund, so wird Maria alsbald auch die Wirklichkeit und Nähe zu uns verlieren. Sie droht, zu einem bloßen „Ideal" zu werden, und kann durch ein solches ersetzt werden. Es kommt mir nur auf die „Idee der mütterlichen Reinheit" an, könnte einer sagen. Eines wirklichen geschichtlichen Trägers dieser Ideenverehrung bedarf es nicht. Dann sind wir bei der idealistischen Verflüchtigung unserer Frömmigkeit.

Diese psychologische Begründung der Marienverehrung liegt auf derselben Ebene wie die psychologische Begründung der christlichen Erziehung überhaupt. Wer das Christentum pflegen, lehren und annehmen will aus dem Grunde, weil damit der Edelwert des Menschlichen am besten gesichert ist, baut auf Sand. Es tritt alsbald eine Entleerung und Entwertung des christlichen Gehaltes ein. Eine scheinhafte Frömmigkeit, ein Glaube des „Als ob" ist die Folge. Der Gegenstand des Glaubens verflüchtigt sich.

Die psychologische Begründung der Marienverehrung aus dem Werte, den Maria als Vorbild für die Pflege edler Mütterlichkeit hat, führt schließlich auch dazu, die Marienverehrung zu einer Sache des weiblichen Geschlechtes zu stempeln. Und tatsächlich ist die Marienverehrung dadurch weitgehend in Mißkredit gebracht worden. Sie wurde als „feminine Angelegenheit" empfunden.

Um diesem Übel des Femininen zu entgehen, hat man leider nicht immer den rechten Weg einer handfesten dogmatischen Begründung beschritten, sondern man hat vielfach dem weiblichen Motiv ein männliches, aber ebenso rein psychologisches entgegengesetzt. So weisen einige darauf hin, daß die Marienverehrung dem männlichen natürlichen Bedürfnis entspreche, im Weibe die abrundende Ergänzung des eigenen Wesens zu finden. Dieser natürlichen „Ergänzungsbedürftigkeit" soll die Marienverehrung des Mannes Rechnung tragen.

Nun soll wieder nicht geleugnet werden, daß die Marienverehrung unter anderem auch diesen Gewinn bringen kann, die Einseitigkeiten des männlichen Wesens auszugleichen, weil ja die menschliche Natur erst in der Verbindung der männlichen und weiblichen Eigenbegabungen voll zur Gestalt kommt; aber wenn dieser Gewinn den Beweggrund der Marienverehrung darstellt, so verliert diese Verehrung wieder das Verpflichtende und sie gerät in Gefahr, den Gegenstand zu entwirklichen und zu einem bloßen Ideal zu verflüchtigen. Schließlich ist es nur noch das ewig Welbliche im Sinne der Idee des Dichters, was uns hinanzieht, und dieses ewig Weibliche wird allzu leicht zum allzu Weiblichen. Die Extreme berühren sich, sie schlagen ineinander um, sobald man den Boden der lebendigen Wirklichkeit verläßt.

Nun wollen wir die Anwälte einer psychologischen Begründung der Marienverehrung gewiß nicht dahin mißverstehen, als begnügten sie sich mit diesem natürlichen Nutzen, mit der Befriedigung natürlicher Neigungen seitens der Erziehungsbefohlenen und der Veredelung dieser Neigungen, als verträten sie einen christentumsfremden Humanismus! Sie wollen meist ernsthaft die Hinführung zu Christus. Aber der gewählte Weg ist falsch. Dieser psychologisch begründeten Marienverehrung liegt die Vorstellung zu Grunde, als könne man die christliche Entwicklung der Menschen in voneinander geschiedene Phasen einteilen: zuerst müsse man die natürlichen Neigungen und Triebkräfte ansprechen in den Bahnen einer edlen und maßvollen Menschlichkeit, dann wäre hernach auf diesen Unterbau, diesen Sockel das eigentliche christliche Verständnis aufzupfropfen. Der Mensch wird hier in Etagen eingeteilt.

Dieser Weg führt nicht zum Ziel, weil er von einer falschen Grundauffassung ausgeht. Es gibt keinen natürlichen Unterbau im menschlichen Sein, der nichts als Natur wäre. Auch dieser Unterbau, dieser Sockel muß bereits christlich durchformt sein. Und der Untergrund natürlicher Kräfte kann nur gelegt werden, wenn der Erziehungsbefohlene bereits vom Wesentlichen der christlichen Existenz ergriffen ist. Andernfalls besteht die Gefahr, daß das Gegenteil von dem erzielt wird, was man wollte. Die Erziehung der „natürlichen Kräfte und Anlagen" kann den Anbefohlenen dazu verführen, sich in diesen Kräften zu begnügen, sich gegen das Kreuz zu verschließen, das ja immer bis zu gewissem Grade den natürlichen Neigungen zuwiderläuft. Gewiß kommt das Kreuz, das Opfer am Ende auch den natürlichen Kräften zugute. Aber doch nur auf Umwegen und so, daß diese Förderung mit dem natürlichen Verstande nicht abzusehen war und nur als unbezwecktes Geschenk demjenigen zugegeben wird, der „zuerst das Reich Gottes" gesucht hat. Will man christlich erziehen, so kommt man nicht daran vorbei, zuerst die herbsten und höchsten Forderungen Christi zu verkünden und nicht die Natur! Der Mensch ist nicht in Etagen einzuteilen, und wer zuerst den Unterbau der Natur ansprechen will, gerät auf Abwege.

Theodor Häcker hat einmal den Grundsatz aufgestellt, daß das Niedere nur vom Höheren aus zu verstehen sei, nicht aber umgekehrt. Nur wenn man die Forderung Christi, sein Leben um Seinetwillen hinzugeben, verstanden hat, kann man auch die Forderungen der menschlichen Natur mit allen natürlichen Trieben und Anlagen richtig verstehen und einordnen. Und das gilt nicht nur für den Erzieher und seine eigene Persönlichkeit, sondern ebenso streng für die erzieherischen Grundsätze, die er auf die Anbefohlenen anwendet. Nur wenn er zuerst die Forderungen Christi ganz kompromißlos verkündet, wird er auch die Veredelung der natürlichen Kräfte und ihre Pflege wirklichkeitsgemäß lehren können.

Will man zu Christus erziehen, so darf man von nichts anderem ausgehen als von der unerforschlichen Liebe Gottes. Das hindert nicht, daß man dem jungen Menschen diese Liebe durch irdische Gleichnisse, durch Hinweis auf Vater und Mutter näherbringen kann und muß. Für die Psychologie bleibt Raum genug. Aber sie hat sich der Dogmatik unterzuordnen.

Will man zur Marienverehrung erziehen, so hat man von nichts anderem auszugehen als der Stellung Mariens im Heilsplane. Maria hat zur Mitwirkung im Heilsplane ja gesagt aus der Mitte ihrer vollmenschlichen Natur und in der ungeschwächten Kraft der unbefleckt Empfangenen. Um dieser Stellung willen muß sie verehrt werden ganz ohne Rücksicht auf den veredelnden Gewinn, den diese Verehrung für uns persönlich als einzelne hat. Das hindert nicht, daß man die Stellung Mariens durch irdische Bilder und Gleichnisse nahebringen kann und muß. Für die Psychologie bleibt Raum genug. Aber sie hat sich der Dogmatik unterzuordnen.

Die Anwälte einer psychologischen Begründung der Marienverehrung aus den natürlichen Kräften und Neigungen des Menschen gehen, abgesehen davon, daß sie die Rolle der Erbsünde zu unterschätzen neigen (zwar nicht dogmatisch, aber praktisch!), von einer Konzession an den Zeitgeist aus. Sie wollen der Tatsache Rechnung tragen, daß der moderne Mensch den höchsten Wert der Natur, der Kraft, der Tat, der Vitalität beimißt. Sie wollen klüger sein als diese Kinder der Welt und rufen ihnen zu: Kommt her zu uns, wir geben euch alles das, was ihr sucht! Alles Schöne und Große, alle Anlagen und Kräfte bringen wir euch zur Entfaltung! — Sie wollen gleichsam durch die Lieblingsneigungen der Menschen hindurch diese Menschen zur Marienverehrung und durch die Marienverehrung zu Christus „verführen". So sehr es wahr ist, daß im Christentum auch alle natürlichen Kräfte und Werte einzig ihren rechten Ort und ihre rechte Formung erhalten, so beruht doch die genannte Methode auf einer falschen Anwendung des alten Grundsatzes, daß die Gnade die Natur voraussetzt. Die Natur wird als ein Unterbau verstanden, der ist, was er ist, ohne die Gnade. Als sei das Kreuz etwas nachträglich auf die Natur oben Draufgesetztes. Als könne man, nachdem das Wort Fleisch wurde, noch zur Natur gelangen ohne den Weg über das Kreuz!

Wir nannten oben jene Haltung, die die Marienverehrung als „unwesentlich" und nicht zur „Idee" des

Christentums gehörig abziehen zu können meint, die idealistische. Mit demselben Recht können wir aber auch die Marienverehrung, die vornehmlich mit psychologischen Beweggründen arbeitet, idealistisch nennen. Denn auch hier geht man von einer reinen „Idee" aus, diesmal von der Idee der Natur. Aus der Idee der menschlichen Natur und ihrer Vervollkommnung wird die Marienverehrung als Folgerung abgeleitet. Die heilsgeschichtlichen Tatsachen treten als Motiv in den Hintergrund. Maria droht selbst zu einem bloßen „Ideal" zu werden, das der persönlichen Vervollkommnung des einzelnen dient. Der Maßstab für die religiöse Betätigung wird in das Subjekt verlegt. Dieser Subjektivismus ist unsere besondere Zeitgefahr.[2]

Wir wollen am Schluß dieses Kapitels noch etwas zur Verhütung von Mißverständnissen anmerken. Wie wir nicht leugnen, daß Maria tatsächlich für uns Vorbild *ist*, so leugnen wir nicht, daß wir die Marienverehrung mit dem Gedanken eines *Gewinnes* für unseren natürlichen und übernatürlichen Menschen betätigen können und müssen. Es ist billig und recht, daß wir uns der Gottesmutter zuwenden in der Erwartung, daß sie uns eine Hilfe spendet, um aus unseren Niederungen

---

[2] Vgl. den ausgezeichneten Aufsatz von W. Brugger S.J.: „Der Subjektivismus als Zeitkrankheit" in Stimmen der Zeit, Februar 1947. Ferner: Hengstenberg, „Michael gegen Luzifer", Münster i.W. 1946 und „Die geistigen Ursachen unseres Zusammenbruchs und ihre Überwindung", Heidelberg (Kemper) o.J.

auf eine größere Höhe zu gelangen. *Aber* — und dieses „Aber" zeigt den springenden Punkt — wir können das nur rechtmäßig und gottwohlgefällig tun, wenn wir schon *Ehrfurcht* vor der Gottesmutter haben, d.h. also, wenn wir im Grunde bereits die rechte Marienverehrung besitzen, die auf Maria um ihrer Stellung im Heilsplane willen zielt. Der Gedanke des sittlichen und religiösen Nutzens muß immer schon die rechte Marienverehrung voraussetzen: ohne diese Voraussetzung führt der Nutzgedanke auf Abwege. Und aus dem Gedanken des Nutzens kann umgekehrt niemals die Verehrung im letzten abgeleitet und begründet werden. Daß ich von einem Vorbilde lernen und aus ihm Gewinn erzielen will, braucht durchaus keine Ehrfurcht einzuschließen. So kann im Grenzfalle einer sogar von seinem Feinde lernen wollen. Deshalb sagen wir, die auf Gewinn für uns selbst zielende praktische Hinwendung zu Maria muß immer schon die Ehrfurcht ihr gegenüber voraussetzen und auf dieser Ehrfurcht gründen. Ist diese Ehrfurcht, ist diese Anerkennung der Gottesmutter in der Heilsordnung aber — zumindest keimhaft — vorhanden, dann ist es natürlich durchaus richtig und geraten, daß wir uns in der praktischen Frömmigkeit des Alltags ihr zuwenden in der Erwartung ihrer fürbittenden Hilfe. Was wir hier über das Verhältnis von Verehrung und praktisch-religiösem Gewinn mit Hinblick auf Maria sagen, ist nichts anderes als das, was überhaupt für das Verhältnis von

Frömmigkeit und Selbstvervollkommnung, von Religion und Pietät im tiefsten Sinne einerseits und Ethik anderseits zu gelten hat.

Die sachliche Begründung der Marienverehrung

Wir reden von sachlichen Beweggründen der Marienverehrung im Unterschiede zu solchen, die aus dem Nutzen und der Vervollkommnung des einzelnen Subjektes geholt sind.

Unter diesen sachlichen Beweggründen können wir wieder solche unterscheiden, die biblischer und dogmatischer Art sind, und solche, die aus unserer besonderen Situation in der Heilsgeschichte erwachsen. Wir beginnen mit den biblischen und dogmatischen Gründen, ohne indessen Vollständigkeit zu beanspruchen.

a) Die biblischen und dogmatischen Beweggründe

1. Als erste nennen wir eine biblische Begründung, die bereits beim hl. Grignon von Montfort ausgesprochen ist. Dieser begründet in seiner „Vollkommenen Andacht zu Maria" die Marienverehrung aus der Nachfolge Christi. Christus war Seiner Mutter bis zu Seinem dreißigsten Lebensjahre untertan. Mit diesem Gehorsam hat Er dem himmlischen Vater mehr Ehre erwiesen, als wenn Er in der Zeit schon große Wunder ge-

wirkt hätte. Sind wir aber Brüder Christi, so sind wir zu demselben Gehorsam verpflichtet wie Er. Gewiß nicht genau in der Weise, wie Christus ihn zu Seiner Erdenzeit verwirklicht hat. Aber es muß in unserer Haltung zu Maria doch irgendetwas sein, was dem Gehorsam zu Seiner Mutter in einer bestimmten Phase Seines Lebens entspricht.

Hier sehen wir gleich etwas Wesentliches: die Marienverehrung kann nur echt begründet werden durch Christus und in Christus. Nur in Christus und um Christi willen können wir Maria in echter Weise verehren. Die Marienverehrung begründet sich aus der Nachfolge Christi. Eine andere Begründung ist nichtig und baut auf Sand. Hier haben wir ein untrügliches Kennzeichen, die echte Marienverehrung von jeder falschen zu unterscheiden.

2. Auch dieser Gedanke stammt vom hl. Grignon von Montfort: Maria hat den Gottmenschen in ihrem Leibe gebildet. Wenn wir aber Brüder Christi sind, so wird sie auch uns zu Christen bilden müssen, weil jeder Christ ein „anderer Christus" ist. Sie tut es gewiß nicht in dem engeren physischen Sinne, wie sie den Gottmenschen geformt hat, aber es ist nicht zu bezweifeln, daß ihr von Gott eine bestimmte Rolle in der Bildung des reifen Christen zugewiesen ist. Wie sie diese Aufgabe ausübt, ist Gegenstand späterer Betrachtung. Jedenfalls hat unsere Beziehung zu Maria einen verpflichtenden Charakter.

3. Nach dem Protoevangelium (Gen 3,15) hat Gott Feindschaft gesetzt zwischen dem Satan, der Schlange, und dem Weibe. Mit diesem „Weibe" muß Maria in prophetischer Vorausschau gemeint sein. Denn die gefallene Eva kann nicht den entscheidenden Widerpart der Schlange darstellen, da sie ja doch mit ihr ein Bündnis einging. Es kann mit dem Weibe auch nicht der erlöste Christ schlechthin gemeint sein, denn dann wäre der Ausdruck „Weib" ganz unbegründet. Es ist nur so zu verstehen, daß Maria als Bekämpferin des Satans von Gott ausersehen ist und daß sie als „neue Eva" unser aller Stammutter vom Übernatürlichen her werden soll. In diesem Sinne ist auch der Ausdruck „Same" im Protoevangelium zu verstehen, wir gehören zu ihrem Samen, zu Mariens übernatürlcher Nachkommenschaft: und in dieser Eigenschaft nehmen wir an ihrem Kampfe teil. Maria ist als die unbefleckt Empfangene außer Christus der einzige Mensch, der ohne Sünde ist, d.h. aber, der sich keines geringsten Bündnisses mit dem Satan schuldig gemacht hat. Sie ist also kraft ihrer heilsgeschichtlichen Stellung und nicht erst kraft eines Willensaktes *der* geborene Feind Satans. Das heißt weiter, aller menschliche Kampf gegen den Satan ist in ihr zusammengefaßt, hat in ihr sein Haupt. Der Satan kann nicht Christus befeinden, ohne Maria zu befeinden. Daraus folgt, daß auch wir nicht für Christus streiten können, ohne eine bestimmte Stellung zu Maria zu beziehen. Außerdem heißt es im Protoevangelium, daß

der Same des Weibes dem Satan den Kopf zertreten wird. Dieser Same ist Christus. Aber wir gehören als Christen alle zu Mariens Samen. Wir können also den guten Kampf nicht kämpfen, ohne der Abhängigkeit von Maria eingedenk zu sein.

Das heißt nun wiederum nicht nur, daß wir uns Mariä als eines ausgezeichneten Mittels im Kampfe gegen den Satan und unsere bösen Neigungen bedienen sollen. Denn dann bestünde die Gefahr, daß wir wieder zu einer psychologischen Begründung der Marienverehrung herabsänken. Außerdem würde man uns dann mit Recht den Einwand entgegenhalten: Warum dann erst Maria zu Hilfe rufen, wenn Christus uns doch viel besser helfen kann! Wozu diese unnötige Verdoppelung des Weges?! Nein, die Sachlage ist ganz anders: Wir verehren Maria, weil sie von Geburt an und im göttlichen Plane von Ewigkeit her diese Stellung als Drachenzertreterin innehat, weil sie diese unvergleichliche gottgegebene Macht im Reiche der Geister besitzt! Wir verehren sie um ihrer Stellung im Heilsplane willen. Wenn wir diese Verehrung vollziehen und Mariens Stellung anerkennen, die sie in der Ordnung des Kosmos und der Heiligen innehat, dann freilich widersagen wir in dieser Anerkennung in besonderer Weise dem bösen Feinde und machen ihm das Terrain streitig, das er wider Gott einnehmen will. *Unsere verehrende Haltung und Hingabe hat dann in sich und aus sich eine exorzistische Kraft, ganz unabhängig von psy-*

26

chologischen Wünschen, die wir im konkreten Falle für unsere persönliche Bewahrung und Besserung hegen! Das erste ist die rechte Ordnung in unserem Geiste und in unserem Herzen, alles andere wird zugegeben. Die Uneigennützigkeit ist hier wieder der Maßstab für echte Marienverehrung. Die uneigennützige Anerkennung der göttlichen Ordnung um ihrer selbst willen, einer Ordnung, die in Maria ihren besonderen Exponenten hat, ist das erste. Aller Gewinn für unser Seelenheil und das der ganzen Welt ist erst das zweite, als Geschenk! Am Anfang steht das Wort und nicht die Tat!

Der hl. Grignon von Montfort bringt aber in seiner Exegese von Gen 3,15 noch einen besonderen Gedanken, der in unserem Zusammenhange wesentlich ist. Er macht auf die symbolische Bedeutung der „Ferse" aufmerksam. Der Same des Weibes wird der Schlange den Kopf zertreten, und die Schlange wird ihn in die Ferse stechen. Diese Verletzung an der Ferse steht im Zusammenhange mit dem Sieg über den Satan. Es geht nicht ohne Opfer, Einbußen, Verluste im natürlichen Bereich. Die Verletzung der Ferse ist geradezu Bedingung dafür, daß das Haupt der Schlange zertreten wird. Die Ferse ist zudem das niederste Glied des menschlichen Körpers, das unmittelbar mit dem Schmutz der Erde in Berührung kommt. Aber gerade weil es sich unmittelbar einlassen muß mit diesem Schmutz, trägt es durch diesen Dienst den ganzen Körper. So müssen auch wir als „Samen des Weibes" lernen, Ferse zu sein.

Die größte Demut im niedrigsten Dienst, die Ausgeliefertheit und Verletztheit ist die Bedingung dafür, daß wir das Reich Gottes tragen und das Reich des Dämons vernichten. In diesem Fersesein stehen wir aber in einer unauslösbaren Beziehung zu Maria, denn die Ferse besteht nur, weil Feindschaft gesetzt ist zwischen Maria und dem Satan.

4. Wir möchten noch einen Gedanken hinzufügen, der die besondere Stellung Mariens im Heilsplane aus der Dogmatik begründet.

Christus ist der Natur nach Gott *und* Mensch, aber der Person nach *nur* Gott. Göttliche und menschliche Natur sind in Ihm in der Person des Logos verbunden. Nach einem Gedanken von *Scheeben*[3] liegt der besondere Sinn der Inkarnation darin, daß Gott der Menschheit die Möglichkeit geben wollte, aus eigener Kraft und Mitte die Wiedererhebung zum Vater selbst zu verdienen. In Christus erhebt sich die gesamte Menschheit als Organismus aus der Gottferne und Verfallenheit wieder zum Vater. Nun ist aber Christus nur der Natur, nicht der Person nach Mensch. Ist es da nicht tief sinnvoll, daß Gott zu dieser Wiedererhebung der Menschheit aus eigener Kraft und Mitte von Anbeginn ein Wesen mitberufen wollte, das nicht nur der Natur, sondern auch der Person nach Mensch ist?[4] Ein

---

[3] Die Mysterien des Christentums, a.a.O. S. 306f.

[4] Vgl. über den Unterschied von Natur und Person Hengstenberg: „Michael gegen Luzifer", Münster i.W. 1946 S. 53f. Dort ist

Wesen also, das nicht nur seiner Natur, sondern auch seiner Person nach der begrenzten endlichen Seinsweise der Menschheit angehört und das eben wegen seines menschlichen Personseins die selbsttätige Wiedererhebung der Menschheit zum Vater in besonders wirksamer Weise darstellen und umgekehrt das personale Versagen der Menschheit in der Paradiesesentscheidung in besonderer Weise wiedergutmachen kann?! Wer aber sollte zu dieser Rolle würdiger befunden werden als Maria, die die unbefleckt Empfangene ist?! In der Tat hat Maria ihre Personalität in ganz einmaliger und besonderer Weise für die ganze Menschheit eingesetzt (freilich auf der Grundlage ihrer unbefleckten und ungeschwächten Natur!). Die Person ist das an uns, was über unsere Natur, ihre Kräfte in einmaliger und unvertretbarer Selbstbestimmung verfügt. Maria begann diesen Einsatz ihrer Person in der Antwort an den Verkündigungsengel: „Mir geschehe nach deinem Worte". Dieser persönliche Einsatz Mariens ist unlösbar in den geschichtlichen Verlauf des Heilsgeschehens einverwoben. Er weist auch uns die Richtung für unseren eigenen persönlichen Einsatz und unsere persönliche Hingabe an Christus. Man könnte sagen: wie sich in Christus die ganze Menschheit der *Natur* nach zum Vater wieder erhebt, so tut sie es ähnlich in Maria der *Person* nach.

---

auch der obige Gedanke, der hier nur angedeutet wird, ausführlicher entwickelt.

Freilich vermag Maria das nur zu leisten in Christus und durch Christus. Sie hat für sich keine erlösende Macht. Aber sie ist doch diejenige, die für die Wirksamwerdung der Erlösungstat Christi in der Welt den entscheidendsten *geschichtlichen* Anstoß gegeben hat. Maria setzt Christus in der Welt gegenwärtig, nicht nur durch ihre physische Geburt des Gottmenschen, sondern auch durch ihren *personalen Einsatz*, der den Beitrag der *menschlichen Personalität* zum göttlichen Erlösungswerk darstellt.

Auch ist es nicht so, als wenn dem Sein „in Christus" ein gleichwertiges Sein „in Maria" gegenüberstünde. Wir werden nicht eingegliedert in Maria, sondern in Christus. Und Maria selbst hat ihr Sein und ihre Wirkung nur als Glied des mystischen Leibes Christi. Maria gibt nur mit ihrem vorangehenden persönlichen Einsatz die Richtung an, der wir alle als Brüder Christi zu folgen haben. Weil sie die erste ist, die als reiner Mensch (ohne zugleich Gott zu sein, wie Christus) die vollkommene und reine Hingabe an den himmlischen Vater („Siehe, ich bin eine Magd des Herrn"!) in ihrer Person zur Sühne für den Adamsfall geleistet hat, deshalb kommen wir alle zu dieser reinen Hingabe an den Vater nicht ohne eine Beziehung zu Maria. Durch die persönliche, verehrende Hingabe an Maria kommen wir zur Hingabe an Christus und den Vater.

Wiederum ist es nicht so, als wenn wir uns nur Mariens als eines Mittels bedienten, um zur eigenen Vollkommenheit zu gelangen. Dann würden wir wieder auf die Ebene einer psychologischen Begründung der Marienverehrung herabsinken. Und dann käme vor allem wieder der sehr berechtigte Einwand: Was Maria vermag, das vermag Christus hundertmal mehr. Ja, Hilfe bei Maria zu suchen, bedeutet eine Herabsetzung der Allwirksamkeit Christi und seines Heilswerkes. Nein, so ist unsere Marienverehrung nicht gemeint. Vielmehr ist die Ordnung diese: Wir verehren Maria wegen ihrer einzigartigen Stellung im Heilsplan und Heilsgeschehen. Sie spricht in ihrem persönlichen Finsatz in ihrer Hingabe an den Vater für die ganze Menschheit ein Ja. In demütiger und ehrfürchtiger Hingabe verehren wir dies persönliche Sein und Tun Mariens. Aber indem wir diese uneigennützige Verehrung leisten, nehmen wir selbst teil an der Hingabe Mariens. *Wieder ist das erste die göttliche Ordnung, deren besonderer Exponent Maria ist, und unsere Anerkennung, Bejahung und Bewunderung dieser Ordnung. Unsere persönliche Vervollkommnung, die uns als Geschenk dieser uneigennützigen Verehrung erwächst, ist das zweite.*

5. Ein ganz wichtiger Hinweis liegt schließlich im Magnificat. Maria sagt bei der Begegnung mit Elisabeth: „Hochpreise meine Seele den Herrn ... *Von nun an werden mich selig preisen alle Geschlechter!*" Selig-

preisung Mariens! Da liegt es. Seligpreisung Mariens ist keine Verehrung um des Gewinnes willen, den Maria uns vermittelt. Seligpreisung ist selbstloses Teilnehmen an der hohen gnadenhaften Stellung, die Gott Maria eingeräumt hat, indem Er sie zu seiner Magd ersehen hat. Wir preisen Maria selig und glücklich, ganz einfach, ganz schlicht, ganz ohne Nebengedanken. Und wir preisen sie selig und glücklich, weil sie sich uns selbst als dazu würdig vor unseren Augen darstellt. Und sie erweist sich dazu würdig durch ihr eigenes Gotteslob, weil sie selbst spricht: Hochpreise meine Seele den Herrn! Daß sie so selbstlos ihren Gott preisen kann, ohne Ichhaftigkeit, daß sie darin ihre Stellung zu Gott dokumentiert, das gerade ist der Grund dafür, daß unser Lob Mariens nicht an ihr als natürlichem Menschen haften bleibt, sondern durch sie und über sie auf Gott selbst zielt. Das ist der Kern der ganzen Marienverehrung.

b) *Die Beweggründe aus der Heilsgeschichte und der heilsgeschichtlichen Situation*

1. Der hl. Grignon von Montfort sagt in dem schon erwähnten „Goldenen Buch" über die vollkommene Andacht zu Maria, daß die Stellung Mariens in der weltlichen Öffentlichkeit im Laufe der Heilsgeschichte eine Veränderung erfahre. Zur Zeit des Erdenlebens Christi blieb Maria in der Verborgenheit, um nicht

durch ihre Erscheinung den Blick der Menschen von Christus abzulenken. Je mehr wir uns aber der Endzeit annähern, um so mehr wird Maria in der Öffentlichkeit wirksam werden, um die Wiederkehr Christi vorzubereiten. Denn wie das erste Mal, so will auch das zweite Mal Christus durch Maria kommen. Wir werden diesen Gedanken noch im zweiten Kapitel vervollständigen. Grignon spricht davon, daß Maria die großen Heiligen der Endzeit heranbilden werde, die alle voraufgehenden Heiligengestalten überragen werden wie ausgewachsene Bäume das Gras überragen.

Zu dieser vermehrten Wirksamkeit Mariens in der Öffentlichkeit gehört besonders ihr gesteigerter Kampf gegen den Satan. Sie wird diesen Kampf persönlich führen, und die Heiligen, die sie heranbildet, werden solche der heroischen Demut und des heroischen Dienens sein, wie es oben bereits nach dem Bilde der Ferse dargestellt wurde, die den Satan besiegt, indem sie verletzt wird.

Wir werden als Christen dieses Fersesein in besonderer Weise zu unserem Symbol erheben müsse[n]. Denn die Zeitkrankheit ist der Hochmut. Er kann n[ur] durch die entsprechende Demut gesühnt und üb[er]wunden werden. Die Verletzung der Ferse gewi[nnt] dabei einen besonderen Sinn: der dämonische Ha[ß] der modernen Massendämonie beeinflußt in seiner würdigenden Kraft bis zu einem gewissen Grade die aufrechten Christen. Sie müssen diese Einwir[kung] als eine Hemmung und Behinderung ihrer seelischen Erlebniskräfte erfahren, ohne dem Dämon das geringste Recht in ihrer Seele einzuräumen. Indem sie diese unverschuldete Erniedrigung als eine Buße auf sich nehmen, leisten sie dem Dämon Widerstand, eine Sühne für diejenigen, die verschuldeterweise der Dämonie erliegen. Ihre seelische Verletzung ist zugleich Bedingung ihres Sieges.

2. Damit verbindet sich ein weiterer Gedanke. *Die Krankheit unserer Zeit ist die Massendämonie* (nur die andere Seite des Hochmutes). Der Satan bringt es fertig, die Beziehung der Menschen zueinander derart zur Entartung zu bringen, daß die Menschen in der Form dieser Bindung eine besondere Angriffsmöglichkeit für die Eingebungen des Satans darstellen. Diese Bindungsform ist die der Masse, die in den verschiedensten Spielarten, bald gröber, bald feiner auftritt. Es gibt ein corpus diabolicum. Wie Christus die Christen als Seine Glieder in Seinem mystischen Leibe mit dem Heiligen Geiste erfüllt, so will der Satan durch den Antichristen eine sichtbare Körperschaft bilden, die er als seinen „Leib" inspiriert — ein dämonisches Gegenbild des Corpus Christi mysticum.[5]

Wenn es nun richtig ist, daß sich das Übel unserer Zeit in dieser „dämonischen Körperlichkeit" verdichtet, dann kann die Überwindung dieser „körperlichen

---

[5] Vgl. Hengstenberg, „Michael gegen Luzifer" a.a.O.

Häresie" (das ist eine Häresie, die nicht erstlich in der Aufstellung einer falschen Lehre besteht, sondern darin, daß die Bindungsform der Menschen im sozialen Körper pervertiert wird) nur durch diejenige geschehen, die den reinen Leib gebar. Die Mariologie und die marianische Frömmigkeit in der modernen Form sind die entscheidende Waffe gegen das corpus diabolisum. Wir kommen auf diesen Gedanken im Folgenden zurück.

3. Schließlich ein dritter Gedanke, der nur die positive Seite des zweiten darstellt. Maria ist entscheidend in der Errichtung und Durchsetzung einer neuen christlichen Ordnung in der Welt.

Nach einer alten mystischen Lehre stellt die Kirche in ihrer geschichtlichen Entwicklung nacheinander die einzelnen Phasen im Leben Christi dar, gleichsam in die weltgeschichtliche Form projiziert. Man hat von einem Karfreitag der Kirche gesprochen, der dem Karfreitag im Leben des Herrn entspricht. Man könnte aber auch mit gleichem Recht von einer mystischen Wiederholung der Geburt Christi in der Welt sprechen. Eine neue innerweltliche Ordnung soll werden, Erneuerung von Ehe und Familie, Erneuerung der sozialen Ordnung. Wie die Kirche der fortlebende Christus auf Erden ist, so könnte man auch sagen, daß diese neuen innerweltlichen Ordnungen, sofern sie aus christlichem Geiste geschehen, eine Wiedergeburt der Kirche und somit eine mystische Wiederholung der

Geburt Christi darstellen. Wenn nun Maria den reinen Leib in geschichtlicher Eimaligkeit geboren hat, so wird sie auch in der Rolle der Mutter beteiligt sein, wenn diese mystische Wiedergeburt Christi in den innerweltlichen Ordnungen geschieht. Wir werden auch diesen Gedanken im Folgenden näher unterbauen

4. Endlich müssen wir beachten, daß die marianische Frommigkeit im Laufe der letzten Jahrhunderte eine Entwicklung erfahren hat, die von einer providentiellen Lenkung kündet. Schon durch Jahrhunderte meldet sich der Gedanke der Weihe an das Unbefleckte Herz Mariens an. Dieser Gedanke hat in jüngster Zeit einen gewissen Abschluß und eine Krönung erfahren. Wir nennen nur einige wenige Punkte: die Botschaft der Mutter Gottes von Fatima 1917,[6] die Weihe der Welt an das Unbefleckte Herz der Gottesmutter durch Pius XII., die Einführung des neuen Herz-Marien-Festes, die Heiligsprechung des Grignon von Montfort, schließlich die sich in immer größeren Kreisen durchsetzende Auffassung von Maria als der Mittlerin aller Gnaden.

---

[6] Zur Literatur über Fatima seien erwähnt außer dem grundlegenden italienischen Werk von P. Fonseca S.J., des Professors am biblischen Institut in Rom, „Le meraviglie di Fatima", das unseres Wissens in deutscher Übersetzung in der Schweiz unter dem Titel „Maria spricht zur Welt" erschienen ist, Haverott und Heghmanns: „Die Herz-Mariä-Verehrung und die Herz-Mariä Weihe", Wegener: „Fatima"; beides Kaldenkirchen/Rhld (Steyler Mission) 1946.

Es ist kein Zweifel, daß unsere heutige Marienverehrung eine Form gewonnen hat, die unserer besonderen heilsgeschichtlichen Situation entspricht und uns Mittel an die Hand gibt, unseren Kampf mit der modernen Massendämonie zu bestehen.

DIE WEIHE AN DAS UNBEFLECKTE HERZ MARIENS ALS KERN DER MODERNEN MARIENVEREHRUNG

Marienverehrung heißt im Wesen nichts anderes als der Gottesmutter jene Ehrfurcht und Liebe entgegenbringen, die ihrer besonderen Stellung im Heilsplan und Heilsgeschehen entsprechen. Es ist eine Bejahung dieser Stellung aus der Fülle des ganzen Menschseins heraus. Alle Kräfte des Gemütes (nicht nur der Verstand) sind dabei beteiligt, und diese Haltung drückt sich auch in der Handlung und im ganzen leib-seelischen Gehaben aus.

Von der Anbetung unterscheidet sich jede bloße Verehrung erstlich dadurch, daß ihr Objekt keinen Anspruch des absoluten Seins erheben kann, und zweitens dadurch, daß sie in ihrem Objekt nicht das letzte Ziel findet. Jede Verehrung eines Heiligen — und das gilt entsprechend für die Marienverehrung — wird nicht um ihrer selbst, sondern um Gottes willen verwirklicht. Wir verherrlichen in den Heiligen nur Gott, die Heiligen sind uns in ihrer Vollkommenheit transparent für die unendliche Vollkommenheit Gottes, die Ursache der endlichen Vollkommenheit der Heiligen ist. Die Heiligen geben unsere Verehrung an Gott weiter, und wir können sie nur verehren in dem Bewußtsein, daß sie es tun. Schön sagt der hl. Grignon von Montfort, daß Maria in jedem Augenblick, wenn wir sie loben, dieses Lob in vervollkommneter Form an Gott weiterspricht. Und so hat unser Lob Mariens letztlich nur den Sinn, ihr ein Gotteslob anzuvertrauen, das wir nicht in solcher Vollkommenheit zur Ehre Gottes aussprechen könnten, wie sie es tut.

Grundsätzlich unterscheidet sich unsere Marienverehrung also nicht von unserer Verehrung der Heiligen überhaupt. Maria nimmt nur insofern eine Sonderstellung ein, als sie eben Königin der Heiligen und Märtyrer ist, Königin des Himmels.

Und doch gibt es eine Spielform der Verehrung, die sich von der Verehrung im allgemeinen und weiten Sinne durch eine Nuance unterscheidet, nicht zwar im Wesensbegriff, aber in der Weise der Verwirklichung. Ehrfurcht und Liebe gegenüber dem verehrten Objekt können nämlich dazu führen, die Bindung an die verehrte Person nach der Seite des Willens zu vertiefen. Dann haben wir den Begriff der *Weihe*. In der Tat sehen wir in der Marienweihe eine besondere Weise der Marienverehrung, die gegenüber der mittelalterlichen Marienverehrung etwas Neues darstellt. Das soll im Folgenden erläutert werden.

Der Begriff der Weihe

Weihe ist eine Besitzübereignung einer Sache oder einer Person an eine andere Person, wodurch der letzteren eine besondere Verfügungsgewalt eingeräumt wird. Zugleich ist damit verbunden, daß das Geweihte oder der Geweihte aus dem Verfügungsbereich einer anderen Macht ausgeschlossen wird. Jede Weihe hat Ausschließlichkeitscharakter. Bei der Priesterweihe wird der Diener Gottes Christus in besonderer Weise zur Verfügung gestellt, wie es bei gewöhnlichen Christen nicht geschieht. Damit sind zwangsläufig auf der anderen Seite gewisse Verpflichtungen gegenüber anderen innerweltlichen Mächten ausgeschlossen, u.a. einige Ansprüche, die sonst im bürgerlichen Bereiche gelten.

Der Ausschließlichkeitscharakter der Weihe besteht aber nur gegenüber nebengeordneten Machtzentren, nicht den übergeordneten. Die Weihe an eine Person steht nicht im Widerspruch zur Weihe an eine andere, die der ersten seinsmäßig übergeordnet ist. Die Weihe an das unbefleckte Herz Mariens steht nicht im Widerspruch zur Herz-Jesu-Weihe. Umgekehrt wird vielmehr die Herz-Jesu-Weihe durch die Marienweihe noch einmal bekräftigt und vertieft. Christus verfügt über uns durch ihre Hingabe an die Gottesmutter. Beide Weihen stehen nicht nebeneinander, sondern sie sind ineinander hierarchisch gefügt. Die Marienweihe ist in der Herz-Jesu-Weihe seinsmäßig vollendet und begründet. Die Herz-Jesu-Weihe findet in der Marienweihe ihre Verlebendigung und die besondere Weise ihrer Verwirklichung.

Der Weihe ist aber noch wesentlich, weil sie vornehmlich die Willensseite des sich Weihenden verpflichtet, daß sie einem Ziele dient. Man weiht eine Sache oder sich selbst einer anderen Person zu einem bestimmten Ziel und Sinn, die eben durch die andere Person bestimmt werden und nicht durch das Geweihte oder den Geweihten selbst. Wer sich einer Person weiht, will durch seinen Dienst ein Ziel verwirklichen helfen, das durch die andere Person bestimmt wird.

Der Begriff der Herz-Marien-Weihe

Der Begriff des Herzens ist leider in unserer Sprache vorbelastet. Man verbindet damit die Bedeutung einer geistesarmen Gefühlshaltung. Wir wollen dem Begriff seinen seinsgerechten Sinn wiedergeben.

„Herz" kann zunächst im leiblichen Sinne gemeint sein. Auch das leibliche Herz kann bei Heiligen durchaus schon Gegenstand unserer Verehrung sein um der Person willen, die uns in diesem Organ gegenwärtig wird. Die Herz-Jesu-Verehrung meint ganz gewiß auch das leibliche Herz mit, die Herz-Marien-Verehrung schließt auch das leibliche Herz Mariens ein.

Aber wenn wir von Weihe an das Herz Jesu oder das Herz Mariens reden, so kann das Herz im leiblichen Sinne nicht gemeint sein. Wir brauchen alsdann einen seelisch-geistigen Begriff des Herzens.

Der Bedeutung dieses seelisch-geistigen Herzbegriffes kommen wir näher vom Begriff des Gemütes. Das Wort „Gemüt" verrät schon, daß es mit Mut zusammenhängt. Die Vorsilbe „Ge" bedeutet ihrerseits einen Ganzheitsbezug. Wir fassen unter dieser Vorsilbe immer einen Inbegriff von Gegenständen zusammen, die in Funktion und Tätigkeit einander ähnlich sind. So in Ge-tier, Ge-hörn, Ge-lege, Ge-hege, Einge-weide. Unter Ge-tier meinen wir nicht den Gattungsbegriff Tier, sondern alles, was da „kreucht und fleucht", was sich gleichsam „tierisch benimmt". Unter Ge-wissen verstehen wir den Inbegriff aller Wissensweisen, nicht nur eine isolierte Funktion des Intellekts oder Willens. Im Gewissen sind alle Weisen, in denen uns ein Wissen von uns selbst gegeben ist, zu einer eigenartigen Funktion zusammengefaßt. Das Gewissen gibt Kenntnis von Sachverhalten, zu denen Verstand und Wille als isolierte Funktionen nicht hingelangen. Das Gewissen richtet sich nämlich auf unser Gesamtverhalten zu Gott und Menschen, bevor uns Einzelhandlungen im verstandesmäßigen Sinne beurteilbar werden. Wie das Gewissen selbst ein Ge-samt von Wissensweisen ist, so hat es auch folgerecht ein Gesamt von Verhaltungsweisen bei uns selbst zum Gegenstand.

Ge-müt bedeutet dementsprechend das Gesamt aller seelischen Kräfte und Erlebnisse, die mit dem Mut im Zusammenhange stehen. Es ist der Inbegriff aller

„Mutungen". Aber wieder nicht als bloße äußere Summe aller Willensakte oder Gefühle, sondern so, daß alle Gefühle und Willensimpulse unserer Seele zu etwas Neuem zusammengefaßt sind mit eigener Qualität. Dementsprechend gibt das Gemüt die Gesamtlage an, in der wir uns willensmäßig und gefühlsmäßig auf die Objekte unserer Umwelt hinspannen. Im Gemüt ist es bestimmt, in welcher Weise wir uns im allgemeinen Dingen, Menschen und Gott zuwenden. Das Temperament spielt natürlich mit hinein. Sind Wille und Gefühl im Gemüt vorwiegend gemeint, so sind aber die Kräfte des Verstandes nicht ausgeschlossen, sofern sie im Dienste der Hinwendung zu Dingen und Menschen stehen. Gemüt und Gewissen unterscheiden sich dadurch, daß das erstere den Charakter des Gesamtverhaltens zu Dingen, Menschen und Gott schlechthin bestimmt, das Gewissen dagegen unter einem engeren sittlich-religiösen Gesichtspunkt steht. Das Gewissen stellt eine besondere Seite des Gemütes dar.

Mit dem Gemüt sind wir ganz nahe am Begriff des Herzens. Wer Gemüt hat, hat auch Herz und umgekehrt. Aber das Gemüt meint doch mehr nur eine (Gesamt-)*Funktion* unserer Seele, ein Vermögen, während Herz in inniger Verbindung mit der Person, dem individuellen Träger und Inhaber der seelischen Kräfte gesehen ist. Nehmen wir zum Begriff des Gemütes als Inbegriff aller „Mutungen" dieses hinzu, daß diese „Mutungen" von einem einheitlichen Trägerzentrum, einer unveräußerlichen Mitte getragen werden, so haben wir den Begriff des Herzens. Weihe an das Gemüt der Gottesmutter ist unvollziehbar, Weihe an das Herz sehr wohl, weil hier die *Person* der Gottesmutter mitgemeint ist.

Durch die Beteiligung der Person im Herzen kommt es, daß alle Mutungen, alle seelisch-geistigen Kräfte und Erlebnisse zu einer *einmaligen Ordnung* verbunden sind. Das Gemüt gleicht einem unter wechselndem Gefälle dahintreibenden Strom. Das Herz dagegen besitzt eine feste Gestalt. Was durch das Herz strömt, das strömt nicht zufällig, sondern ist personal geordnet. Was im jetzigen Augenblick durch das Herz geht, das steht in fester Beziehung zu einem früheren Erlebnis, das das „Herz bewegt" hatte, und ebenso zu einem späteren, das vom selben Herzen seinen Ausgang nahm. Wie das leibliche Herz die Blutströme in Eingang und Ausgang regelt und beides in eine Gestalt verbindet, so schafft auch das seelisch-geistige Herz eine Ordnung von Eindruck und Ausdruck. Herz ist persongeleitete seelisch-geistige Gestalt. Wir können sagen: *Herz ist der Inbegriff aller seelisch-geistigen Kräfte, die in der individuellen Person zu einer einmaligen Gestalt und Ordnung verbunden sind.*

Nun ist dem Begriff des Herzens alle unklare Gefühligkeit genommen. Wir verbinden nunmehr damit den Begriff des Festen, jedoch nicht Starren. Ein Mann von Herz ist ein solcher, der alle Kräfte des Willens und des Gefühles (und mittelbar auch die des Verstandes) in einer bewegten und zugleich gestalteten Ordnung hält.

Wenn wir nun vom Herzen Mariens reden, so gewinnt der Begriff der Ordnung, der im Herzbegriff enthalten ist, eine besondere Bedeutung. Weil das Herz ja eine lebendige Beziehung zu allen Werten des Seins und der Schöpfung darstellt, gewissermaßen im innermenschlichen Bereich alle diese Werte vertritt und zusammenbindet, die in der Außenwelt vorkommen, so ist jedes Herz ein *Kosmos*, gleichsam die Welt verdichtet im Kleinen. Wir tragen die Welt und über ihr Gott in unserem Herzen. *Maria aber ist der Kosmos, sofern er in Ordnung ist und nie in Unordnung war*. Sie ist die geschöpfliche Ordnung selbst, in personaler Darstellung und Verdichtung. Ihr Herz ist der Ort, in welchem alle natürlichen und übernatürlichen Werte je und immer richtig geliebt, eingestuft und an Gott gebunden waren. Ihr Herz umfaßt alle Dinge und Werte in der richtigen Ordnung, in ihm sind alle nach Seele und Geist umgriffen und erfaßt, wie Gott es will zu seiner Ehre.

Weihe an das unbefleckte Herz Mariens bedeutet demnach eine Besitzübereignung an diese Ordnung, an diesen Kosmos, der immer in Ordnung und nie in Unordnung war. Eine Besitzübereignung mit dem Ziele, diese intakte Ordnung in der Welt auszubreiten und die Unordnung zu vernichten. Zunächst bedeutet diese

Besitzübereignung, daß wir uns selbst persönlich von dieser geordneten Liebe ergreifen lassen und, von ihr ergriffen, selber zur geordneten Liebe unseres Herzens gelangen, dann schließlich, daß wir mit dieser unserer geordneten Liebe selbst die Welt in der Liebe Mariens lieben und damit die rechte Ordnung in der Welt ausbreiten.

Man hat diese Weihe auch als „Ganzhingabe" bezeichnet. Dieses Wort ist vieldeutig. Es soll damit keine Preisgabe der eigenen Person gemeint sein. In keinem Falle darf es den Beigeschmack eines Kadavergehorsams haben. Es handelt sich ja nicht darum, daß wir willenlos Befehle ausführen, deren Sinn und Wert nicht mit unserem Personzentrum in Verbindung stünden. Es heißt nur, daß wir uns allen Antrieben, die die Gottesmutter an unseren freien Willen ergehen läßt, vorbehaltlos öffnen. Die Freiheit unseres Willens ist also bei all diesen Antrieben vorausgesetzt. Die sogenannte Ganzhingabe kann also nur eine *totale Bereitschaft* bedeuten. Wir kommen auf diesen Gedanken bei der Besprechung des Sühnesinnes der Weihe zurück.

Man könnte nun einwenden, das, was wir vom Unbefleckten Herzen Mariens ausführten, ließe sich genau so vom Herzen Jesu aussagen. Auch hier bestehe eine Ordnung, die nie durch Erbsünde und persönliche Sünde gestört war. Was soll da noch eine besondere

Herz-Marien-Weihe neben derjenigen an das Herz Jesu?

Der Unterschied der beiden Weihen besteht darin, daß das Herz Jesu und seine Ordnung von einer *göttlichen*, das Herz Mariens von einer *menschlichen Person* getragen ist. In Christus besteht eine göttliche Person (und göttliche Natur) mit einer menschlichen Natur, in Maria eine menschliche Person mit einer menschlichen Natur. Deshalb steht uns die Ordnung, die im Herzen Mariens verwirklicht ist — weil es Ordnung innerhalb einer menschlichen Personalität ist — der Zeit und dem Vorbilde nach näher als jene Ordnung, die im Herzen Jesu dargestellt ist. Oder genauer: wir gelangen durch die Anschauung des geordneten Herzens Mariens zu einer tieferen Schau und Liebe des Herzens Jesu. Wir sagten oben schon, daß die Herz-Marien-Weihe die Herz-Jesu-Weihe vertiefe und verlebendige, ohne im Widerspruch zu dieser zu stehen und ohne etwas „neben" ihr zu sein.

Deshalb ist uns im Herzen Mariä Mittel und Weise gegeben, zum Herzen Jesu leichter und tiefer vorzudringen. Ihr Herz ist daher auch Mittel und Weg, das Herz Jesu in der Welt wirksam werden zu lassen, wenn selbstverständlich auch die Ordnung, die Maria als Kosmos darstellt, nur Bestand hat in der Ordnung, die in Christus und Seinem göttlichen Herzen gegründet ist. Es ist somit verständlich, daß durch eine besondere

Herzen Mariens darstellt, ist zunächst nichts als eine Weiterung aus der Ehrfurcht und Liebe, die Maria als dem ungefallenen Kosmos gelten. Gott stellt uns die Ordnung der Schöpfung und Seine Heilsordnung in der Person Seines Sohnes und diese wiederum anschaulich in der Person Mariens und ihrem geordneten Herzen dar. In dem Herzen Mariens verehren wir letztlich nur das Herz Jesu, und in diesem den himmlischen Vater. Das ist eine große ganze, in sich gefügte Hierarchie der Verehrung, die im himmlischen Vater gipfelt, und aus der wir kein Glied herausnehmen dürfen, weil der Vater uns seine geschaffene natürliche und übernatürliche Ordnung nun einmal in seinem Sohne und diesen wiederum in Maria als dem ungefallenen Kosmos vor Augen führt. Den Blick von einer dieser Stufen abwenden zu wollen, hieße ungehorsam sein gegenüber der Ordnung, die der Vater uns „verordnet", wenn wir zu seiner Herrlichkeit vordringen wollen. Die Marienverehrung hat nichts zu tun mit einem Ausspielen einer menschlichen Größe gegen Gott den Vater und Christus, die Herz-Marien-Weihe nichts mit einer Auslieferung unseres menschlichen Willens an einen Menschen *an Stelle* des Vaters und des Sohnes! Die Marienverehrung ist nur das gerechte, vom Sein und seiner Ordnung her verlangte Verhalten unserer Geschöpflichkeit, ein Verhalten, das ohne jeden persönlichen Nutzen gefordert und sinnvoll ist. Die Herz-Marien-Weihe ist nur die besondere Ausweitung

Weihe an das unbefleckte Herz Mariens die Christus-zugehörigkeit der Welt verwirklicht werden soll.

Was von der Ordnung gilt, läßt sich auch von Hingabe und Gehorsam sagen. Wenn in Maria die von einer geschöpflichen Person dargestellte Hingabe im vollendeten Gehorsam gegenüber dem Vater verehrt wird, so führt uns das hin zu jener „göttlichen" Hingabe und dem „göttlichen" Gehorsam, der im fleischgewordenen Worte vor dem Vater dargestellt ist, eine Hingabe und ein Gehorsam, in denen die ganze Welt erneuert werden soll.

Weil in Maria eine *menschliche* Person die vollkommene Hingabe an den Vater leistet und in einer Weise, die „Anfang" ist für die Beteiligung der Menschheit am eigenen Wiederaufstieg nach der personalen Seite, deshalb können wir auch unsere Person in besonderer Weise einsetzen zur Ausbreitung des Gottesreiches durch eine persönliche Beziehung zu Maria. Diese persönliche Beziehung wird aber vollendet in der Weihe an das Unbefleckte Herz Mariens.

Wieder ist zu warnen vor einer rein psycholog schen Begründung der Marienweihe mit dem vorw genden Gedanken eines Nutzens für die Verve kommnung der eigenen Person oder für die Erne rung der Welt. Das erste sind Ehrfurcht und Lieb der Person Mariens um ihrer Stellung willen, die s der Heilsordnung einnimmt. Auch die Weihe, die Antwort unseres Herzens auf die geordnete Lie der Marienverehrung auf unseren Willen, sofern sich die „Mutungen" unseres Gemütes und Herzens an die „Mutungen" in Gemüt und Herz Mariens binden, um sich ihren Zielen bereit zu machen und damit den Zielen des Sohnes und des himmlischen Vaters.

Tatsache ist freilich, daß wir durch diese Weihe an das Unbefleckte Herz Mariens selbst in unserem Herzen geordnet und damit fähig werden, die Ordnung des Herzens Mariens auf die übrige Welt zu übertragen und die Unordnung zu vertreiben. Aber dieser Gewinn für uns persönlich und für die Welt ist erst das zweite.

Geht man vom Nutzen aus, so trifft uns sofort wieder der berechtigte Einwand, daß Christus uns ja so viel besser und unmittelbarer helfen kann als Maria. Warum etwas von Maria erlangen wollen, was Christus doch so viel besser „kann"?!

Dem obigen Einwand wird nur der Boden entzogen, wenn wir den Nutzgedanken bei der Verehrung fallen lassen. Es handelt sich einfach nur um die ehrfürchtige Anerkennung, Bejahung und Liebe der Ordnung, die Gott in Maria vor unser Auge gestellt hat. Begründet man die Marienverehrung so, dann fällt auch der scheinbare, manche Gemüter verwirrende Widerspruch hin zu der Unmittelbarkeit, die wir als Christen zu Gott in Christus besitzen. Mit der Tatsache, daß jeder Christ ein unmittelbares persönliches Verhältnis zu Gott und Christus hat, steht in keiner Weise im Widerspruch, daß wir Maria um der Stellung willen verehren, die sie im Kosmos und im Heilsplane hat, und daß wir der Liebe zu ihr in der Weihe an ihr Herz Ausdruck geben.

Wir können nun aber geradezu zum Gegenangriff vorgehen. Der obige Einwand setzt die Auffassung voraus, als bestehe das Wesen unserer Frömmigkeit darin, irgendetwas vom mächtigen Gott zu erlangen, sei es in Natur oder Übernatur. Gehe ich davon aus, dann kann ich Maria und schließlich auch Christus streichen, denn Gott ist sowohl von Maria als auch von der Menschheit Christi unabhängig. Die oben referierte Auffassung sieht Gott nur vom Machtstandpunkt aus, sie sieht nicht den Gott, der aus Liebe die Welt groß, schön und wahr geschaffen hat und der zur Offenbarung Seines inneren Lebens (ganz unabhängig von unserem Nutzen) Seinen Sohn gesandt hat. Sie gründet in einer voluntaristischen Auffassung der Religion und der Frömmigkeit überhaupt. Bei unserer Marienverehrung kann es sich nicht darum handeln, daß wir Maria ein „Können" zuschrieben, das Christus abginge (ein widersinniger oder heidnischer Gedanke), sondern darum, daß wir in Maria die Ordnung verehren, die Gott uns in ihr nach seinem Heilsplane vor Augen stellt, und daß wir durch die Bindung an Maria unsere Bindung an Gott in Christus vertiefen.

Der personale Sinn der Herz-Marien-Weihe

Es dürfte aus dem Vorigen klar geworden sein, daß das Herz ein *personaler* Begriff ist. Die Weihe unseres Herzens an das Herz Mariens muß den personalen Charakter unserer Frömmigkeit steigern und veredeln. Und so hat denn unsere Marienverehrung heute den Sinn, das personale Moment unserer Frömmigkeit zu steigern entgegen dem Impersonalismus und Kollektivismus einer erstorbenen Welt und jener Auffassung zu begegnen, nach welcher unsere Frömmigkeit nur darin besteht, sachliche „Mittel" zur Rettung unserer Seele anzuwenden. Marienverehrung und Marienweihe sind nie bloße „Mittel", freilich auch nicht Selbstzweck, sondern zweckentbundene persönliche Bejahung und Anerkennung der natürlich-übernatürlichen Ordnung, die im himmlischen Vater beschlossen und begründet ist.

Dieses personale Moment unserer Frömmigkeit, das keineswegs mit dem alten Gefühlssubjektivismus verwechselt werden kann, wird aber objektiv sehr vertieft dadurch, daß wir in unserer heutigen Marienverehrung immer mehr das personale Moment in Maria selbst zu erkennen und zu würdigen lernen. Wir richten uns mehr und mehr auf das Persönliche an Maria, auf das, was sie in sich und für sich in ihrer Personalität ist, und zwar als wirkende Personalität, die in den

Gang der Weltgeschichte nach Maßgabe des von Gott erteilten, zeitgemäßen Auftrages hineinwirkt.

Die mittelalterliche Frömmigkeit sah Maria mehr statisch: als Glied einer fest gefügten heiligen Ordnung. Sie wird verehrt in ihrer hohen Stufe, die sie innerhalb der Ordnung des Heiligen und der Heiligen ein nimmt, nach Maßgabe ihrer Teilhabe an der göttlicher Glorie. Aber sie wird noch nicht gesehen als Erwirkerin, als Mutter der Ordnung. Auch wo sie als Madonna auftritt, ist die umgreifende und gleichsam behütende Ordnung vorausgesetzt. Symbol dafür ist der hortus conclusus auf den bildlichen Darstellungen.

In Fatima dagegen erscheint Maria als Bringerin und Erwirkerin der Ordnung, und zwar als Erneuerin der erschütterten innerweltlichen Ordnungen. Eine neue Ära des Friedens wird auf Grund ihrer persönlichen Mitwirkung verheißen. Ihre Hilfe wird verheißen ausdrücklich für die Nöte der gegenwärtigen Zeit. Maria ist jetzt wirklich *Mutter der Ordnung*, und zwar in einem neuen, aktiven Sinne: Ordnung als ordnen, Tätigkeit. Sie ist diejenige, die den Weltfrieden wiederherstellt, die der Schlange, welche eben diese Ordnung und damit den Weltfrieden gestört hat, den Kopf zertritt.

Wir sagten oben bereits, daß Mariens Stellung im Heilsplane besonders dadurch charakterisiert wird, daß sie die *personale* Beteiligung der Menschheit im Erlösungswerk vertritt. Diese personale Seite wird nun dahin konkretisiert, daß Maria durch ihren personalen Einsatz die zeitbedingte Unordnung (Massendämonie) vernichtet und die Andacht zu ihrem unbefleckten Herzen, insonderheit die Weihe verlangt als Weg zur Überwindung der Gottlosigkeit, zur Bekehrung Rußlands und zur Aufrichtung des Weltfriedens.[7] Sie ist Gebärerin der neuen innerweltlichen Ordnung. Wir

---

[7] Man hat neuerdings die Zuverlässigkeit der Prophezeiungen von Fatima durch den Hinweis zu relativieren gesucht, daß die Reihenfolge der faktischen Ereignisse umgekehrt verlaufe gegenüber den Aussagen Luzies: als erstes Ereignis sei die Bekehrung Rußlands vorhergesagt und als zweites der Friede. Nun kann man ja durchaus den Frieden vom 15. August 1945, der den Zweiten Weltkrieg beendete (Tag der Himmelfahrt Mariens!), im Zusammenhange mit dem Geheimnis von Fatima sehen. Aber es braucht dieser politische Friede deshalb noch nicht jene „Zeit des Friedens", die neue christliche Ära, zu sein, von der in den Geheimnissen nach Aussagen von Luzie die Rede ist. Für diesen endgültigen und dauernden Frieden kann durchaus die Bekehrung Rußlands Voraussetzung sein. — Aber das Wesentliche ist, daß man die Geheimnisse von Fatima in keinem Falle als billige Vorhersagen von Ereignissen auffassen darf, die mit fatalistischer Notwendigkeit eintreten müssen zu einem bestimmten Zeitpunkt. Das widerspräche auch der Würde Gottes. Vielmehr hängt das in Aussicht Gestellte immer zugleich von unserem Verhalten, im positiven wie negativen Sinne, ab. Das Beispiel der Bekehrung Ninives und die Abwendung des Strafgerichtes von dieser Stadt ist ein gutes biblisches Vorbild. Ebenso wie die angekündigten Strafgerichte, so hängen auch die Verheißungen von Fatima im Eintreffen und Zeitpunkt wirklich vom subjektiven Verhalten der Menschheit ab. Das ist in den Geheimnissen auch durchaus gesagt. Dies zu verkennen, versperrt aber überhaupt das Verständnis für die Ereignisse von Fatima. Auch für den Zweiten Weltkrieg lautete die Vorhersage entsprechend be-

sagten oben bereits, daß man diese Neuordnung als,
mystische Wiederholung der Geburt Christi auffassen
kann. Christus wird in der neuen Ordnung wiedergeboren. Und Maria ist die Mutter.

Vielleicht wird gerade von hier aus sinnvoll, daß
Maria in Fatima (wie vorher schon in Lourdes) im
wesentlichen ohne das Jesuskind erscheint.[8] Damit ist

---

dingt: *wenn* die Menschheit nicht umsinnt, wird noch ein viel
schrecklicherer Krieg kommen usw. (und hier hatten die Kinder
von Fatima Gesichte, die buchstäblich in Erfüllung gingen). Vgl.
über die Geschehnisse von Fatima die Literatur, die in Anm. 6
angegeben wurde! Wenn Luzie tatsächlich, wie neuerdings behaup-
tet wird, der Meinung gewesen sein sollte, daß der vorige Weltkrieg
am Tage des großen Sonnenwunders, am 13.10.1917, zu Ende gehen
werde, so ist das von keiner Bedeutung für die Zuverlässigkeit der
Geheimnisse und ihrer Vorhersagen selbst. In den Quellen ist nur
die Rede davon, daß die Gottesmutter gesagt hat „Der (gegenwärti-
ge) Krieg wird bald zu Ende sein". Wenn Luzie subiektiv zuerst
daraus geschlossen haben sollte, daß der Krieg am gleichen Tage
ende, so hat das mit dem Inhalt des Geheimnisses nichts zu tun.
(Vgl. Castelbranco: Le prodige inoui de Fatima, Propagande du
Sacré-Cœur, Edition Ange-Michel, Lyon.)

[8] Maria erscheint später dem ältesten der Kinder von Fatima,
Luzie, auch mit dem Jesuskinde. Aber in den großen Erscheinungen
in der Öffentlichkeit von Mai bis Oktober 1917 hat die Erscheinung
mit dem Jesuskinde untergeordnete Bedeutung. Während des großen Sonnenwunders sehen die Kinder am Himmel drei „lebende
Bilder": Die Mutter mit dem Jesuskinde als Darstellung der heiligen
Familie, unsere Frau von den sieben Schmerzen als zweites, und
unsere Frau vom Berge Karmel als drittes. Diese drei lebenden
Bilder, in denen die Gottesmutter nicht handelnd erscheint, sollen
den Rosenkranz, den freudenreichen, den schmerzhaften und den
glorreichen, sinnbilden. Ihre Worte für die Welt spricht Maria aber

ihre Stellung als Mutter des Heilandes nicht herabgewertet. Es ist nur zum Ausdruck gebracht, so könnte es gedeutet werden, daß ihr eine andere Geburt bevorsteht, die besagte mystische Geburt Christi in der Ordnung. Jedenfalls erscheint Maria in ihrer personalen Selbständigkeit und Einmaligkeit, in ihrer Souveränität, und zwar in ihrem personalen Auftrag, den sie von Gott gerade für unsere Stunde bekommen hat.

Es ist deshalb lehrreich, daß Maria sich in Fatima geradezu charakterisiert nach ihrem Auftrage als „unsere Frau vom Rosenkranz". Sie hat den Auftrag, das Rosenkranzgebet zu erneuern und durch die neue Andacht zu ihrem unbefleckten Herzen eine neue Bewegung in die Welt zu tragen, die die Zeitnöte überwinden soll. Maria ist dynamisch charakterisiert, vom Tun, von der *Sendung* her. Das kommt auch darin zum Ausdruck, daß sie den Kindern in Fatima in der „Aktion" des Gebetes erscheint: die Hände über der Brust gefaltet, mit dem Rosenkranz in der Hand als Zeichen des Kampfes. Deshalb sagt sie auch zu Lucie: Gott will durch dich die Andacht zu meinem Unbefleckten Herzen in der Welt einführen und verbreiten, zur Rettung der Sünder, zur Herstellung des Weltfriedens. Durch

---

nur in ihrer bekannten Einzelerscheinung, auf der Steineiche stehend. Damit ist ausgedrückt, daß der Rosenkranz und sein Gebet einer neuen Zielweisung unterworfen werden, die durch Maria als Einzelperson in ihrer persönlichen Sendung für die heutige Zeitnot bestimmt wird.

die Gottesmutter soll etwas erwirkt werden, was früher noch nicht, jedenfalls nicht in der Weise, geschah.

Was in Maria von Anbeginn Bestand hatte: die von der Erbsünde freie und ungeschwächte Natur mit ihrer personalen Liebeskraft, das dient nun nicht mehr nur dazu, den Erlöser mit dem Logos zu empfangen und in diese Welt einmalig historisch eintreten zu lassen, sondern es wirkt nun auch mit eigener Sendung unmittelbar in die Welt: Natur und Person Mariens werden kraft göttlicher Sendung Formkraft zur Zerstörung der Unnatur (der Schlange wird der Kopf zertreten) und Rückführung zur übernatürlich erleuchteten und vollendeten Natur. Wie mit Mariens personalem Einsatz „Mir geschehe nach deinem Worte" die Gegenwärtigsetzung des Logos in der Welt begann, so ist in der personalen Hingabe, die in der Weihe an das unbefleckte Herz Mariens verlangt wird, der Ansatz für die neue Gegenwärtigsetzung des Logos in der Welt gegeben: die neue Ordnung als Liebesordnung soll Gestalt gewinnen, eine Ordnung, die die Gestalt Christi trägt.

Lourdes steht in vorbereitendem Verhältnis zu Fatima. In Lourdes wurde das Dogma von der unbefleckten Empfängnis durch die Erscheinungen bestätigt und verdeutlicht. In Fatima erhält diese ungebrochene Natur Mariens den Auftrag, ihre Potenz in der heutigen Welt zur Entfaltung zu bringen, und zwar durch ein personales Moment: einmal die persönliche „Aktion" Mariens in Fatima selbst, zum anderen durch die per-

58

sönliche Weihe an ihr Unbeflecktes Herz. Dadurch werden pervertierte Ordnungen zerstört, neue Ordnungen errichtet, indem die Welt von diesem unbefleckten Herzen ergriffen und seiner Ordnung „eingeordnet" wird. Die Wege, die zur Weihe führen, werden in Fatima gelehrt. Es ist im wesentlichen der Rosenkranz, der aber nach Maßgabe des erwähnten Gesichtspunktes einen Zusatz erhält. Nach je zehn Ave soll eingefügt werden: „O mein Jesus, verzeih uns unsere Sünden, bewahre uns vor dem Feuer der Hölle und führe alle Seelen in den Himmel, besonders diejenigen, die deines Erbarmens am meisten bedürfen." (Dieser Zusatz bezieht sich nicht etwa auf die Armen Seelen, sondern auf diejenigen, die in Gefahr sind, einen schlechten Tod der Reuelosigkeit zu sterben. Das erscheint in der Gegenwart besonders sinnvoll und zeigt die Zeitbezogenheit der Botschaft von Fatima, die eine solche der rettenden „Aktion" ist.) Außerdem werden gewisse Sühnepraktiken gelehrt (die ersten Samstage im Monat usw.).

Weil die Natur, die natürliche Grundlage bei der heutigen Gesellschaft zerstört ist und sie daher nicht mehr die Bereitschaft für die Übernatur besitzt, deshalb soll so tief gegriffen werden. Deshalb soll die Erneuerung durch jene heilige Person hindurch verwirklicht werden, die eben auf dem Gebiete der Natur (außer Christus) das alleinige Vorrecht der Intaktheit — und zwar getragen von einer geschöpflichen Personalität — besitzt. Aber diese Natur Mariens kommt nicht zur Auswirkung durch ein billiges Rezept, sondern nur durch einen personalen Akt von unserer Seite: durch die Verehrung des Unbefleckten Herzens, die in der Weihe an dieses Herz gipfeln soll. Ein Akt, der in sich selbst an dem Maße seiner Ehrfurcht und Liebe gemessen ist und der unabhängig von aller nutzbezogenen Folge sinnvoll ist, wenngleich dieser Gewinn nicht ausbleibt, wenn die Verehrung uneigennützig vollzogen wurde.

Es ist vielleicht gut, dies zu betonen, damit die Botschaft von Fatima nicht zu einem billigen „Mittel" herabgesetzt wird, um Zeitnöte zu beheben. Man kann die Botschaft von Fatima nur würdig auswerten, wenn man sie im Lichte der Grignonschen Lehre von der vollkommenen Andacht zu Maria sieht. Grignon hatte bereits die Ganzhingabe an das Unbefleckte Herz Mariens gelehrt, und zwar unter der Forderung der Uneigennützigkeit, ohne jede Rücksicht auf eine äußere Veränderung der Welt. Der Gefahr einer falschen Zweckdienlichkeit ist bei der Botschaft von Fatima dadurch gewehrt, daß die Erfüllung der äußeren Verheißung gebunden wird an die treue Befolgung der Anweisung Mariens (der Friede wird nicht „prophezeit" in dem Sinne, als müsse er mit unabdinglicher Notwendigkeit kommen). Und zu dieser treuen Befolgung gehört eben erstlich, daß die Verehrung des unbefleckten Herzens uneigennützig, aus Liebe und Ehrfurcht vollzogen werde. Außerdem lautet der erste Punkt der Botschaft auf ein totales Umsinnen der Menschheit in Buße und Sühne. Man kann nicht büßen und sühnen mit der Absicht, eine äußere Wirkung zu erzielen.

Mit der Reue verhält es sich nämlich genau wie mit den religiösen Akten überhaupt, von denen wir oben sprachen: unser persönlicher Gewinn ist nicht das erste, sondern das zweite. Es ist zwar richtig, daß ein äußerer Verlust, eine äußere Katastrophe und Not (als Folge der Sünde) uns eine Hilfe und ein Anlaß sein kann zu Umsinnen und Reue, aber auch *nur* der Anlaß, von dem es an sich durchaus noch nicht sicher ist, daß der Mensch ihn fruchtbar benutzt. Zweck und Wesen der Reue aber liegen tiefer. Die Reue selbst ist nur vollziehbar in einem Blick auf Gott und unter Seiner Gnade. Es ist auch richtig, daß es nach kirchlicher Lehre eine „unvollkommene Reue" gibt, die nicht rein um Gottes willen, sondern um der ewigen übernatürlichen Folgen willen getätigt wird. Aber die Reue wegen der bloß äußeren, zeitlichen Folgen genügt eben selbst für die unvollkommene Reue nicht. Wenn zu dieser aber das Motiv der ewigen, übernatürlichen Folgen verlangt wird, dann ist damit gesagt, daß ein Blick auf Gott verlangt ist, und zwar auf Gott, wie Er in Seiner Heiligkeit und Gerechtigkeit *ist*, denn *Er* ist es, der die ewigen Strafen verhängt. Das heißt aber weiter, daß selbst zur unvollkommenen Reue eine wahre und echte

Gottesfurcht vonnöten ist. Nun haben aber bedeutende Theologen schon darauf hingewiesen, daß eine wahre Gottesfurcht nicht möglich ist ohne ein zumindest keimhaftes Moment der Gottesliebe. Diese wieder muß, wenn sie für den Christen von heilsmäßigem Wert sein soll, übernatürlich sein. Mit anderen Worten, wir erkennen selbst in der unvollkommenen Reue im Kern einen übernatürlich bedingten und gnadenhaft geschenkten Blick auf Gott in Furcht und (keimhafter) Liebe. Dieser Blick auf Gott kann aber nie und nimmer durch äußere, zeitliche Folgen der Sünde allein erzwungen und bedingt sein. Man kann die Reue (einschließlich der unvollkommenen) also nicht durch einen rein natürlichen Willensakt in Szene setzen im Hinblick auf zeitliche Folgen oder auf eine zeitliche Wirkung überhaupt. Das meinen wir, wenn wir sagen: man kann nicht büßen und sühnen nur mit der Absicht, eine äußere Wirkung zu erzielen. Gerade hierin zeige sich der Adel der Botschaft von Fatima. Man kann sie nicht rechtmäßig befolgen, wenn man primär an einen äußeren Nutzeffekt in der Welt denkt.

Wenn aber die rechte innere Haltung der Buße und Sühne bei uns einmal da ist, dann sind wir geradezu dazu verpflichtet, die Botschaft von Fatima wie die Marienverehrung und -weihe überhaupt anzuwenden, zu befolgen und zu verkünden mit dem praktischen Gedanken, der Welt Gewinn zu bringen und zu Gunsten des Reiches Christi zu verändern, soweit es in unseren Kräften steht. Wir wollen den Gedanken des religiösen und natürlichen Nutzens nicht einschränken, sondern nur richtig *einordnen*.

Somit ist die Forderung der Weihe an das Unbefleckte Herz Mariens verständlich als Ausdruck eines echten religiösen Personalismus. Wir verstehen, daß es nicht etwa Weihe an die heilige Familie ist, sondern die ganz persönliche Bindung und Weihe an die Gottesmutter als *Einzelperson*. Und zwar Weihe an ihr Unbeflecktes *Herz*, denn dieses Herz ist der Ort, in dem die intakte Ordnung geschöpflich-personal verwirklicht und wirkmächtig ist.

Was über die personale Stellung Mariens in Fatima gesagt wurde, kann noch vertieft und erläutert werden durch Einzelheiten der Erscheinungen, so vor allem durch den Charakter des großen Sonnenwunders am 13. Oktober 1917 (sechste und letzte Erscheinung).

Man hat dieses Sonnenwunder großenteils als etwas Sensationelles aufgefaßt, das der Schaulust der Menge schmeichelt. Man hat gesagt, ein solcher Machterweis Gottes mit den absonderlichen sinnlichen Mitteln ohne einen anderen Zweck als den der Beglaubigung der Erscheinungen wäre nicht der Würde Gottes gemäß. Aber diese Deutung des Sonnenwunders vom äußeren Zweck her ist unzureichend. Zwar stimmt es, daß das Sonnenwunder verheißen wurde zur Beglaubigung der Echtheit der Erscheinungen, die ja nicht von der Menge, sondern nur von den Sehenden erfaßt werden konnten (abgesehen von den atmosphärischen Begleiterscheinungen, die von allen wahrgenommen wurden). Aber das Sonnenwunder hat außerdem noch einen tiefen Sinn in sich selbst. Es stellt eine Beziehung her zu dem Weibe der Apokalypse, das auf dem Monde stehend mit der Sonne bekleidet ist und in Geburtswehen schreit. Maria ist in der Erscheinung von Fatima wahrhaft mit der „Sonne bekleidet". Sie lenkt mit übernatürlicher Macht das Sonnenlicht, sodaß sich die Lichtgestalten bilden: die Lichtbündel in den Spektralfarben, die von der Sonne ausgehen und die ganze Landschaft wechselweise in die Spektralfarben tauchen. Die Sonne selbst scheint vom Himmel zu fallen und sich in rasendem Tempo zu drehen. (Wir dürfen diese Erscheinungen wohl als eine Ablenkung des Sonnenlichtes deuten, die objektiv war, aber ohne daß die Sonne selbst „getanzt" hätte, was ja eine kosmische Katastrophe bedeutet haben würde.) Daß Maria in dieser Weise souverän das Licht der Sonne lenkt und über ihre Strahlen als über ein Lichtkleid verfügt, soll zeigen, daß Maria in der Rolle des Weibes der Apokalypse erscheint. Wie dieses in Wehen ist, so ist Maria jetzt die Gebärerin der neuen Ordnung. Der Drache, der dem apokalyptischen Weibe entgegentritt und das Kind verschlingen will, sobald es geboren ist, soll auch jetzt besiegt werden. Die Botschaft von Fatima ist von Anbeginn gegen die östliche Dämonie der Gottlosigkeit gerichtet (zur selben Zeit, wie sich die Gottlosigkeit im Osten Europas konsolidiert, beginnt im äußersten Westen, in Fatima, die himmlische Gegenaktion).

Das Weib der Apokalypse ist zwar nicht unmittelbar als Maria anzusprechen. Es wird in die Wüste entrückt, zum Schutze gegen den Drachen. Es kann sich also nur um die Kirche handeln, die den Verfolgern entzogen wird. Aber daß die Kirche hier überkleidet von der Gestalt Mariens erscheint, weist doch darauf hin, daß die Geburt, um die es sich handelt, unter der besonderen Beteiligung der Gottesmutter zustande kommt. Das Kind aber, so heißt es, soll mit eisernem Szepter die Völker regieren. Das kann nur Christus sein. Die Kirche bringt also aus dem Verborgenen, das sie in der Welt darstellt, neues Leben hervor. Man könnte es die mystische Wiederholung der Geburt Christi nennen, von der wir oben sprachen. Es ist die neue Ordnung, die in der Welt errichtet werden soll. Daß aber die Gestalt der Kirche, die hier das neue Leben hervorbringt, mit der Gestalt der Gottesmutter überkleidet erscheint, beweist, daß diese Neugeburt Christi in der Welt aus den Wehen der Zeit eine besondere Erwirkung der Gottesmutter darstellt. Sie gebiert hier in mystischer Weise Christus noch einmal. Jedenfalls ist ihr eine besondere mütterliche Funktion bei diesem Geschehen zugeteilt.

Im Sonnenwunder von Fatima kommt zum Ausdruck, daß hier Maria in der Rolle des apokalyptischen

Weibes steht, das Christus in der Welt noch einmal gebiert. Maria als Mutter der Ordnung!

Die Apokalypse kann uns noch einige Züge des heutigen Weltgeschehens deuten helfen. Der Drache ist erzürnt darüber, daß das Weib seiner Gewalt entrissen wird. Er sendet ihm einen Wasserstrahl „gleich einem Strome" nach, um es wegzuschwemmen. Das Wasser steht aber in der Apokalypse anscheinend für Masse, Kollektiv. (So steigt das große Tier aus dem „Meere" auf, d.h. aus den Hefen der Völker, der Unterwelt, den blinden Massen, deren Exponent es ist und deren dunklen Drang es mit den Lockmitteln des sozialen Fortschrittes und Erfolges aufpeitscht und demagogisch bewegt.) Der Drache will also die Kirche ertränken und wegschwemmen in der sturen, dämonischen Gleichschaltung der Masse, die sich im Glauben an ihr irdisches Paradies selbst vergottet. Das corpus diabolicum steht gegen das Corpus Christi mysticum. Aber die Erde kommt dem Weibe zu Hilfe. Sie saugt den Strom auf. Es müssen also viele vom Tode verschlungen werden, von der Erde, damit die neue Ordnung erstehen könne. Eine ernste Sinndeutung so vieler Massengräber heute! Daß auch viele Gerechte verschlungen wurden, gehört zur Sühne und wird uns hernach beschäftigen.

Noch einmal wird somit deutlich, daß Maria die Besiegerin der modernen Massendämonie ist. Sie ist es durch das personale Moment der Frömmigkeit, das sie in der Weihe an ihr Herz begründet.

Der Sühne-Sinn der Herz-Marien-Weihe

Sühne ist Wiedergutmachung. Sie soll erstens Gott die verletzte Ehre wiedererstatten und zweitens dem, der diese Ehre verletzte, die verlorene Gerechtigkeit wiedererlangen. Urgrund der Sühne ist Christus. Sühne von Menschen kann wirksam und gültig nur in Christus geleistet werden. Sühne ist also ein Einspringen für denjenigen, der versagt hat. Der Sühnende nimmt die Last dort auf die eigene Schulter, wo sie dem Versagenden herabgeglitten war und trägt die Last nun an Stelle des ersten dem ursprünglichen Ziele entgegen. Man kann freilich im Grenzfalle auch für das eigene Versagen sühnen. Dann reden wir aber füglich von Buße, die also einen Sonderfall von Sühne darstellt. Selbstverständlich gibt es für uns Menschen keine Sühne (für andere), die nicht zugleich Buße (für eigene Sünden) ist und Buße einschließt. Andernfalls würde die Sühne pharisäisch und würde sich selbst aufheben.

Wir haben von der Sühne an anderem Orte gehandelt und wollen deshalb hier von ihrem Wesen nicht näher reden.[9] Nur das eine muß für das Folgende noch besonders erwähnt werden: Sühne setzt voraus, daß

---

[9] Vgl. Hengstenberg, „Michael gegen Luzifer" a.a.O.

der Sühnende ohne eigene Schuld die Folgen übernimmt, die der Versagende mit seinem Tun herbeigeführt hat. Der Sühnende übernimmt in sein Erleiden denselben herabgesetzten und herabgewürdigten Seinszustand, den der Gefallene durch seine Schuld herbeigeführt hatte. Christus übernahm die Menschennatur so, wie sie durch die Schuld Adams geworden war, bis in den Tod. Christus ist der einzige Fall, wo ein Mensch sühnt ohne Buße, ohne für eigenes Versagen sühnen zu müssen. Wir nannten diese Notwendigkeit für den Sühnenden, von dem niedersten Punkt der Seinsentwürdigung schuldlos auszugehen, das „Gesetz der Sühne".

Mit Rücksicht auf unsere heutige Zeitsituation müssen wir in der für uns „notwendenden" Sühne zwei Stufen unterscheiden. Die erste ist das „Fersesein", von dem oben bereits andeutend gesprochen wurde. Die zweite ist der positive Aufbau neuer personaler *Ordnungen*, die auf einem neuen Verhältnis des Menschen zu Gott und den Heiligen und damit des Menschen zum Mitmenschen beruhen.

Das „Fersesein" gewinnt für uns heute eine besondere Bedeutung angesichts der unabwendbaren dämonischen Infiltration des gesamten öffentlichen Lebens. Das corpus diabolicum macht seinen Einfluß auch auf die aufrechtesten Christen und gerade auf sie geltend. Das braucht mit Schuld nichts zu tun zu haben. Gott läßt es in Seiner Vorsehung zu, daß der Dämon seinen

68

Hauch bis zu gewissem Grade und bis zu einer gewissen Stufe auch in die Persönlichkeit des echt Gläubigen hineinsendet. Der Befallene kann diesen Einfluß bis aufs äußerste ablehnen, der Einfluß ist damit doch da. Absperrungen nützen nichts. Ihr Versuch würde nur zu einer verfehlten Bewahrungspädagogik führen, zur Fiktion eines idyllischen religiösen Privatbereiches. Man täte so, „als ob" man unbeeinflußt wäre, und das würde dem Dämon erst recht den Zugang öffnen. Der Einfluß der modernen Massendämonie ist in der heutigen Gesellschaft allseitig wirksam. Der Sturz einer politischen Massenorganisation in einem einzelnen Land kann diese Situation nicht allein ändern. Die Weise des Menschseins ist heute kollektivistisch verdorben.

Der Einfluß der Massendämonie braucht, wie gesagt, keine Schuld bei dem Befallenen zu bedeuten. Wider, sagt der Leidende diesem Hauch im Tiefsten seines Herzens, so kann dieser Hauch nichts als gewisse Hemmungen in seiner Seele hervorrufen, die allerdings weiterhin unheimliche Trostlosigkeit zur Folge haben können. Das Ja zum Bösen kann der Dämon nicht erzwingen. Erfolgt aber dieses Ja, dann verändern sich die Phänomene grundlegend. Dann zeigt der Befallene nicht nur ein *Leiden* an der dämonischen Umgebung, sondern eine aktive Teilnahme an der dämonischen Infiltration. Er ist auf die „Spielregeln" der Massendämonie eingegangen, auf die Welt ihrer Wertungen, Verharmlosungen, Täuschungen, Fiktionen, Vergötzungen usw. Wir haben darüber an anderem Orte ausführlich gehandelt.[10]

Wir wollen uns hier mit einem einzigen anschaulichen Beispiel begnügen. Wer als Soldat mit der Welt des sogenannten „Kommiß" in Berührung gekommen ist, weiß, wie eine solche Umgebung das Empfindungsleben verändern und ertöten kann. Gewisse innere Worte, Erlebnisse, seelische Aufschwünge, auch das Bewußtsein der Gottverbundenheit können unter Umständen unmöglich werden. Es tritt eine Lähmung der gesamten Erlebnisfähigkeit ein. Auch dringen Eindrücke störend in die Seele ein, die wir sonst leicht und ohne besondere Anstrengung abgewehrt haben könnten. Ein Gefühl der Trostlosigkeit und der Verlassenheit überfällt uns, das wir willensmäßig nicht aus der Seele verbannen können. Wir sagen deshalb aber in keiner Weise ja zu diesen Einflüssen des Milieus. Im Gegenteil, indem wir an diesen Beeinflussungen *leiden*, beweisen wir, daß wir sie ablehnen und daß wir der Wertungswelt, aus der sie stammen, in keiner Weise verfallen sind. Der innere Wille und Glaube ist intakt, nur die peripheren Schichten, in denen sich sonst der Glaube zum Ausdruck und zur Erlebnisgewißheit bringen konnte, sind gestört. Erfahrungsgemäß wäre es aber in solcher Lage falsch, sich durch eine künstliche Isolierung retten zu wollen. Es sind eben Einflüsse da,

---

10 Vgl. Hengstenberg, „Michael gegen Luzifer" a.a.O.

über deren Dasein oder Nichtdasein, Wirken oder Nichtwirken wir unmittelbar keine Macht haben. Was für diesen „Kommiß" galt, das gilt in gewisser Weise für das gesamte moderne Dasein, das vom Massenprinzip und seiner Atmosphäre mehr oder minder beeinflußt ist.

Solange das Nein zum dämonischen Anhauch besteht, bleibt der Leidende seinsmäßig, was er ist. Er bleibt im Besitze seiner Personalität Streiter Christi. Durch die Hemmungen und Trostlosigkeiten ist er nur psychologisch an dem frohen Genuß seiner seelischen Kräfte, seiner (tatsächlich weiterbestehenden) Gottverbundenheit in Christus und seines Seelenfriedens gehindert. Wir haben den Sachverhalt nach einem Gleichnis beschrieben: Wenn die Flut in einem Hause von Etage zu Etage höher steigt, bis der Besitzer auf die Spitze seines Hauses fliehen muß, dann bleibt er dennoch tatsächlicher und rechtmäßiger Besitzer seines Hauses.

Widersteht der Befallene so in der „Spitze seiner Seele", so bleibt er nicht nur „bewahrt", sondern er leistet zugleich *Sühne* für diejenigen, die mit eigener Schuld oder ohne den nötigen Widerstand der Massendämonie erlegen sind. Die unschuldige Befallenheit wird zur Sühne für die schuldhafte Befallenheit. Damit ist der Befallene zum Gegenangriff vorgegangen. Die ungewollte, aufgezwungene Befallenheit wird in Freiheit zu einem *Opfer* verwandelt. Anstelle der Gleichschaltung und Überwalzung in der Masse ist eine einmalige Persönlichkeit im Opfer erstanden, wie sie sonst nicht hätte werden können. Dieses Opfer hat sühnende Kraft gegen die Massendämonie und ist fähig, diese im Sinne eines Exorzismus (im weiteren Sinne) in der Mitwelt auszutreiben. Dieses Opfer ist nur in Christus möglich: es ist Teilhabe an Christi Gottverlassenheit am Kreuz.

Das „Gesetz der Sühne" wird deutlich: Der Leidende übernimmt genau jene Seinsentwürdigung, unschuldig, die durch die Mitmenschen schuldhaft in der Gesellschaft erzeugt war. Denken wir an einen Fall, daß ein Christ durch frevelhafte Staatsgewalt in ein Kollektiv hineingezwungen worden ist. Diese Situation herrscht aber generell dann, wenn das ganze Staatsgefüge kollektivistisch verdorben ist. Aber selbst wenn das im einzelnen nicht der Fall ist, so herrscht der Geist der Massendämonie bis zu einem gewissen Grade doch heute in der ganzen Welt. Es ist unsere Zeitkrankheit.

Die Beziehung zum „Fersesein" dürfte ohne weiteres klar sein. Die Ferse muß den Schmutz berühren, um den Körper zu tragen. Der von der Massendämonie berührte Christ muß die Erniedrigung und den Schmutz der Einwirkung dulden, um Christus zu tragen (ein moderner Christophorus!) und um sühnend von innen her (bei sich selbst angefangen) die Massendämonie zu überwinden. Die Ferse muß sogar verletzt werden, damit der Schlange der Kopf zertreten wird:

der die Massendämonie erfahrende Christ muß tatsächlich eine Verletzung bis in seine Seele hinein erdulden. Es geht nicht ohne Verluste, Schäden, Einbußen ab; und nur so kann die Massendämonie sühnend überwunden werden. Ein „Unberührtheitsideal" ist heute auf seelischem Gebiet absurd. Es gibt einen endzeitlichen „Greuel an heiligem Orte" nicht nur, sofern Kirchen und Tabernakel zerstört werden, sondern auch sofern Vergewaltigungen und Überfremdungen in den Seelen geschehen. Auch im Seelischen gibt es eine „Übermacht", die nicht abgewendet, sondern nur sühnend ertragen und in reines Opfer verwandelt werden kann. Diese Verletzungen der Ferse sind Preis für den Sieg.

Das Fersesein ist unüberschlagbare Stufe unserer Sühne heute. Denn es bezeichnet die äußerste Demut. Größere Demütigung kann es für ein geistiges Wesen nicht geben als die, daß der Satan bis zu einem gewissen Grade, wenn auch nicht im Tiefsten und Wesentlichen, in seine Persönlichkeit eindringt und dort Störungen verursacht. Der dämonische Hochmut der heutigen Gesellschaft kann aber nicht anders überwunden werden als durch die größte Demut auf der anderen Seite. Jede Zeit hat, wie ihre spezifische dämonische Verstrickung, so auch ihre entsprechende „zeitgemäße" Sühneform.

Das Fersesein hat eine unmittelbare Beziehung zu Maria, schon deshalb, weil es das demütigste Magdtum verkörpert. Dann aber auch deshalb, weil wir zum „Samen des Weibes" gehören, und Maria aus ihrer heilsgeschichtlichen Stellung (und nicht erst durch ihren Willen) *der* Feind des Satans ist. Gewiß bekämpft der Satan in Maria letztlich Christus. Aber Maria ist gleichsam das erste Hindernis, das erste Bollwerk, das ihm durch Christus entgegengeworfen wird. Deshalb wendet sich die Wut der Schlange konzentriert gegen Maria, die Gebärerin des Erlösers. Das ist alter christlicher Glaube von den Vätern an. Und niemand kann uns daher eine unchristliche Neuerung vorwerfen, wenn wir sagen, daß unser Kampf gegen den Satan über Maria als Sammelpunkt des Kampfes geht und daß wir im Zeichen Mariens kämpfen müssen. Im Fersesein tragen wir das Zeichen Mariens.

Zur ersten Stufe der Sühne gehört natürlich nicht nur das Fersesein im engeren Sinne, als unschuldiges Erleiden einer dämonischen obsessio, sondern alles Ertragen der Zeitnot in Bußgesinnung. Mögen wir heute noch so vieles Unrecht erfahren, vor Gott ist es Gelegenheit zu Buße und Sühne! Wenn der Scherge zu verurteilen ist, so ist doch nicht das Strafgericht Gottes abzulehnen, das durch den Schergen auf uns zukommt.

Es gehört zur Sühne, daß auch viele Guten und viel Gutes zerbrochen werden. Wir sprachen schon von den modernen Schlachtfeldern, die nicht nur den „Strom" aufnahmen, den die Schlange dem Weibe der

Apokalypse nachspeit, sondern viele der Besten vertilgten.

Der endgültige Friede ist gebunden an mannigfache Vernichtungen. Christus konnte sein Wort „Friede sei mit euch" erst endgültig nach seiner Auferstehung zu den Jüngern sprechen, nachdem also Sein irdischer „Tempel" abgebrochen worden war zur Wiederauferstehung. So muß auch Gutes untergehen zur Sühne, um der Auferstehung und des Friedens willen.

Die zweite Stufe der Sühne ist bezeichnet mehr durch eine actio, im Unterschied zur reinen passio der ersten Stufe.

Mannigfach sind die Formen dieser zweiten Stufe, des positiven Neubaus. Es gehört dazu alles, was sich auf die soziale Neuordnung, den Besitz, die Verteilung der Verantwortung im personalistischen Sinne in Wirtschaft und Politik bezieht. Es gehört dazu hintergründig und dem Range nach vorher die Erneuerung des Verhältnisses von Mensch zu Mensch, noch früher von Mensch zu Gott durch die Ordnung, die er uns „verordnet" hat. Und diese Ordnung wird uns in weitem und hervorragendem Maße sichtbar und gegenwärtig in Maria. *Wir erkennen also die Weihe an ihr unbeflecktes Herz als einen wesentlichen Bestandteil der positiven Sühne!* Das Fersesein ist der Untergrund. Die Weihe erhebt sich darauf, als Hingabe an die Ordnung, die uns ermöglicht, ordnend in der Welt zu wirken.

Gewiß, Gott ist alles in allem. Wer Ihn besitzt, besitzt alles. Aber wir kommen zu Ihm nur durch Christus. Wer aber ist Christus? Haben wir alle das richtige Christusbild? Sind nicht in alten und neuen Zeiten Unzählige dabei, das Christusbild zu verflüchtigen, zu ethisieren, aus ihm eine soziale Reform oder sonst ein bloßes „Ideal" zu machen? Wer kann uns aber sicherer vor dieser Verflüchtigung des Glaubens an Christus bewahren als diejenige, die Ihn geboren hat? Maria gibt uns einen unvergleichlichen Halt, Christus gleichsam „auf der Erde zu halten", ihn uns leibhaftig zu erhalten, unseren christlichen Realismus zu stärken und jene idealistisch-gnostische Frömmigkeitshaltung auszutreiben, die wir eingangs dieser Schrift charakterisiert haben. Und wenn uns Gott Seine Ordnung, Seinen natürlich-übernatürlichen Kosmos, der in Seinem Sohne beschlossen ist, im Herzen Mariens als in einem Spiegel vor Augen führen will, wie sollten wir dann diese Hilfe zurückweisen dürfen?! Wie sollten wir die besondere Bindung an ihr Herz in der Weihe verschmähen, wenn wir durch die Weihe an ihrer eigenen Hinordnung zu Gott Teilhabe gewinnen?! Geht doch Maria ganz in ihrer Beziehung zu Gott in Christus auf, sodaß der hl. Grignon sie schlechthin „die Beziehung zu Gott", das „Echo Gottes" nennt!

Wir wollen den positiven, aufbauenden Sühnesinn der Weihe in ein paar Worten bezeichnen. Der unwürdigen Besitzergreifung der Menschen durch Satan in der Massendämonie soll die würdige Inanspruchnahme unser aller durch die Gottesmutter sühnend gegenübergestellt werden. Werden wir in der Massendämonie mißbraucht, so setzen wir gegen diesen Mißbrauch das kindliche Vertrauen, daß Maria uns zu göttlichen Zielen einsetzt, wenn wir alle unsere Ziele und Verdienste ihr aufopfern und anvertrauen. Auf der einen Seite ein „Besessensein" unter Ausschluß der freien Personalität und des freien Willens in der „sturen" Masse.[11] Auf der anderen Seite freiwillige Ganzhingabe aus der Mitte unserer Person in Ehrfurcht und Liebe und totaler Bereitschaft. Auf der einen Seite Gleichschaltung und Ausschaltung, Herabwertung der Einzelperson. Auf der anderen persönliche und einmalige Bindung, die von Christ zu Christ jeweils eigenartig und unwiederholbar in ihrem Charakter ist. Das ist mit kurzen Worten der wesentlichste Sühnesinn der Weihe an das Unbefleckte Herz. Der heutigen Unordnung des Herzens ist die geordnete Liebe im geordneten Herzen Mariens gegenüberzustellen. Das ist die Wiedergutmachung, auf die es heute ankommt.

Freilich ist diese zweite, positive Stufe der Sühne nicht möglich ohne die erste, die passio. Wir dürfen diese zwei Stufen nicht als getrennte Wirklichkeiten auffassen. Die eine ist nicht ohne die andere zu ver-

---

11 Über den Begriff der Sturheit und seine dämonische Bedeutung vgl. Hengstenberg, „Michael gegen Luzifer" a.a.O. S. 12ff.

wirklichen. Aber die zweite ist die höhere, die Lichtseite zur Nachtseite der ersten.

Es wurde schon gesagt, daß die Herz-Marien-Weihe nur den Sinn hat, uns zu Christus hinzuführen. Maria hat diese zu Christus hinführende Macht von Christus erhalten auf Grund der Tatsache, daß sie nicht nur der Natur, sondern auch der Person nach Mensch ist und somit den Anfang der personalen Beteiligung der Menschheit am Erlösungswerk darstellt. In ihrer Gefolgschaft kommen wir daher auch in besonderer Weise zu unserem ganz persönlichen Einsatz für die Aufrichtung des Gottesreiches. Was der Protestantismus (dem Ziele nach durchaus mit Recht) wollte, die persönliche Beziehung des einzelnen zu Gott und die Mündigkeit des *einzelnen* Christen, gerade das wird uns auf dem Wege der heutigen marianischen Frömmigkeit besonders gewährt. Und wie es im Einsatz für das Gottesreich im allgemeinen ist, so ist es im Kampf gegen die Massendämonie im besonderen. Maria ist der Anfang des geschöpflichen Kampfes gegen Satan. Indem wir uns also durch das Herz Mariens hindurch Christus weihen, machen wir den Kampf gegen die Massendämonie in ganz besonderem Sinne zu unserem eigenen, indem wir an dem Kampf Mariens teilnehmen.

Der Sühnesinn der Herz-Marien-Weihe wird besonders deutlich in Fatima. Die Botschaft der Gottesmutter ist das Wichtigste, demgegenüber sind Wunder,

Geheimnisse und Prophezeiungen nur von untergeordneter Bedeutung, so sehr sie als pädagogische Mittel Gottes zu verehren sind.

Die Botschaft enthält drei Punkte: 1. Buße und Sühne der ganzen Menschheit, 2. Rosenkranzgebet (mit dem Zusatz nach je zehn Ave), 3. Weihe an das Unbefleckte Herz Mariens.

Buße und Sühne, der erste Punkt, sind das Grundlegende. Ohne diese Bereitschaft zum Umsinnen können die anderen Punkte nicht würdig erfaßt werden. Das zweite, der Rosenkranz, gibt die leib-seelische Ausdrucksform, in der sich die Bußgesinnung verdichten soll. Das dritte, die Weihe an das Unbefleckte Herz ist Krönung und Abschluß des ganzen religiösen Geschehens. Es steht nicht etwa getrennt neben dem ersten Punkte der Buße und Sühne, sondern ist vielmehr Festigung, Formung und Gestalt von Buße und Sühne. Die Weihe hat selbst Sühnesinn. Die Sühne, die im ersten Punkt beginnt, hat hier feste Kontur, Gestalt gewonnen als Inbegriff der neuen Ordnung, die in der Welt wiedergeboren und vergegenwärtigt werden soll. Es ist nichts als die Gegenwärtigsetzung Christi in der Welt durch Maria hindurch. So ist es zu verstehen, wenn Maria in Fatima von ihrer Ehre spricht und davon, daß ihr Unbeflecktes Herz triumphieren werde. Das ist nicht eine Zurschaustellung eigener „Ehre" und Macht Mariens neben Christus, sondern es bedeutet einfach: die neue Ordnung wird triumphieren, durch alle Fährnisse hindurch. Und diese neue Ordnung ist Christus im Sinne der mystischen Wiedergeburt. Wohl aber läßt sich an solchen und ähnlichen Äußerungen wieder belegen, daß Maria neuerdings für uns mehr und mehr in ihrer Rolle als selbständig wirkende Personalität im Zeitgeschehen (wie der hl. Grignon es für die Endzeit vorhersagte) hervortritt, nicht nur als „Funktion" im Heilsgeschehen. Auf ihre *Stellung* im Heilsgeschehen kommt es an, nicht auf eine bloße Funktion. Die Funktion ist impersonal, die Stellung ist etwas Personales.

Man sieht, daß der Aufbau der Botschaft, die Rückwendung des dritten Punktes auf den ersten, die Vollendung der Sühne in der Herz-Marien-Weihe durchaus den beiden Stufen entspricht, die wir oben von der zeitgemäßen Sühne entworfen haben.

Die Herz-Marien-Weihe steht gänzlich sinnvoll in sich selbst als Ausdruck von Liebe und Ehrfurcht in Anbetracht der Stellung Mariens im Heilsplane. Dessenungeachtet hat sie als Sühne eine geschichtlich wirkende Macht, deren Bedeutung für die Umformung der Gesellschaft außerdem in Fatima verheißen worden ist. Sühne ist als Wiedergutmachung tatsächlich immer auf den Mitmenschen, auf das Du des Versagenden bezogen, aber nicht im utilitären Sinne. Das ist schon deshalb ausgeschlossen, weil der erste Sinn aller Sühne die Wiederherstellung der Ehre Gottes ist. Das kommt auch in Fatima durchaus deutlich zum Ausdruck. Wir sagten schon: Fatima darf nicht zu einem billigen Mittel zur Behebung der Zeitnöte herabgesetzt werden.

Wir verweisen an dieser Stelle noch einmal auf das Grignonsche Prinzip der Uneigennützigkeit. Darin besteht ein Wesentliches der Marienweihe nach Grignon, daß wir all unsere Verdienste an Maria aufopfern. Wir pochen also nicht darauf, wegen dieser Verdienste eine Belohnung für uns selbst zu empfangen, sondern wir geben die Verdienste an Maria, damit sie im eigenen Ziele damit im Reiche Gottes wirke, was sie für recht und wichtig hält. Diese Auslieferung, diese Entblößung von allem religiösen Egoismus ist ein Hauptkennzeichen der Grignonschen Weihe. Das ergibt eine Kindhaftigkeit der Haltung, die für uns heute in der Welt der Verzwecklichungen und Rechenhaftigkeiten eine ungeahnte Stärke bedeuten würde.

Durch Maria zu Christus, durch Christus zu Maria

Der Grundsatz „Durch Maria zu Christus, durch Christus zum Vater" ist wie ein Streitruf in der heutigen mariologischen Auseinandersetzung erklungen. Und dieser Streitruf hat viel Widerspruch, Unwillen und vielleicht auch da und dort Verwirrung hervorgerufen.

In der Tat können wir diesen Satz „Durch Maria zu Christus" nur gültig sprechen, wenn wir ihn durch die

Antithese „Durch Christus zu Maria" ergänzen. Beide Sätze haben in ihrem Bereich Gültigkeit, aber eben in verschiedenen Bereichen.

Zunächst ist zu sagen, daß wir nur zur rechten Marienverehrung kommen können, wenn wir dazu durch Christus angeleitet werden. Gleich eingangs wiesen wir darauf hin, daß die Mariologie von der Christologie her begründet werden muß, sonst baut sie auf Sand. Wir müssen in Christus, durch Christus und um Christi willen Maria verehren und uns ihr weihen, sonst wird unsere „Marienverehrung" Idealismus oder sonstiges Heidentum. Keiner kann sich wirklichkeitsgemäß Maria nahen, der nicht schon dem Keime nach Christus in sich trägt. *Durch Christus zu Maria*! Wer könnte zum Beispiel das Geschehen bei der Hochzeit von Kana im Hinblick auf Maria richtig deuten, wenn er das Widerfahrnis Mariens nicht vom Gottmenschen und seiner ausschließlichen Sendung her sähe! Unsere Weihe an Maria ist nur recht, wenn wir in Maria vorher Christus sehen.

Auf der anderen Seite können wir, wenn wir dem Sein nach schon auf Christus bezogen sind, unseren Weg zum Herzen des Gottmenschen sichern und unseren Zugang zu ihm vertiefen durch Maria. Maria ist nicht nur der Natur, sondern auch der Person nach Mensch. Die Gestalt Christi ist uns in Maria näher gebracht. Gott stellt uns in ihr den ersten ganz christusförmigen Menschen vor Augen. In der Welt der zerstörten und pervertierten Natur muß es für uns von besonderer Bedeutung sein, einen Menschen zu sehen, der von der Natur her ganz ungebrochen im christlichen Sein steht. Maria ist die personale Vertreterin der ungebrochenen und ungestörten Natur. Weil die Natur aber das ist, was der Übernatur dient und was somit die Weise bestimmt, wie wir (jeder Mensch wieder in besonderer Spielart) zur Übernatur hingelangen, so ist in Maria zugleich die Art und Weise gegeben, wie wir zur Übernatur gelangen, wenngleich die Macht zur Ergreifung der Übernatur nur aus Christus stammt. Deshalb ist uns Maria von ihrer Natur, das ist zugleich von ihrer Mütterlickeit, ihrer übernatürlich überhöhten Mütterlichkeit her eine besondere Hilfe auf dem Wege zu Christus, eine Hilfe, die in der Weihe an ihr Herz besonders wirksam wird. Insofern gilt also: *Durch Maria zu Christus.*

Der erste Satz „Durch Christus zu Maria" gilt dem *Sein* nach, der zweite „Durch Maria zu Christus" gilt der *Zeit* nach, im zeitlichen Werden unserer christlichen Persönlichkeit. Aber unsere persönliche Zeit muß dem Sein nach immer schon ergriffen sein durch Christus, wenn sie fruchtbar sein soll. So gelten beide Sätze je in ihrem Bereich, ohne sich zu widersprechen. Sie fordern sich gegenseitig zur Ergänzung. Sie gelten ja auch wörtlich in der faktischen Heilsgeschichte: Maria ist der Erdenzeit nach vor Christus, aber dem Sein nach ist Christus früher. Maria hatte die Gnade der unbefleckten Empfängnis nur durch Ihn![12]

Übrigens besitzen die beiden Sätze „Durch Christus zum Vater" und „Durch den Vater zu Christus" eine ähnliche Dialektik. Einerseits sagt Christus: Keiner kommt zum Vater denn durch mich. Anderseits kann keiner zu Christus kommen, den der Vater nicht „zieht". Es wäre wertvoll, einmal eine *christliche* Dialektik zu schreiben, die die idealistische Dialektik überwindet.

---

[12] Diese wechselseitige Abhängigkeit der Sätze „Durch Christus zu Maria" und „Durch Maria zu Christus" ist auch beleuchtet in der feinen Schrift „Am Herzen der Mutter" von Heinrich Keller S.J., Münster 1947. Auch an anderen Punkten berühren sich die Ausführungen Kellers mit den unsrigen.

HERZ-MARIEN-WEIHE ALS VOLKSBEWEGUNG

Volksfrömmigkeit?

Wir erzittern heute vor der Dämonie der Gottlosigkeit, wir fürchten, von ihr überschwemmt zu werden, die letzten Denkmäler abendländischer Kultur begraben zu sehen. Aber warum geschieht so wenig, um dieses Übel abzuwenden? Warum legen wir die Hände in den Schoß in einem lähmenden Fatalismus? Es ist wie im Traum. Wir sehen das Verhängnis kommen, aber unsere Glieder sind festgenagelt, wir sind unfähig, etwas zu tun. Warum geht es nicht wie ein Sturm, wie ein Gebetssturm durch unser Volk? Warum ist die Weihe an die Gottesmutter oft nur schematisch vollzogen worden? Warum sind Buße und Sühne, Weihe an das Unbefleckte Herz Mariens als Sühne nicht Inhalte für Einfache und Gebildete geworden, Inhalte, die die verschiedensten Individualitäten zu einer Gemeinsamkeit rufen und unsere deutsche Neigung zum Eigenbrötlerischen überwinden? Wo doch speziell die Botschaft von Fatima als Waffe gegen die moderne Gottlosigkeit gegeben worden ist?!

Gewiß ist mancherorts viel für den Weihegedanken gearbeitet worden. Aber es bedurfte dazu fast immer eines besonderen Mutes, einer Zivilcourage. Es war in den letzten Jahren immer als ein besonderes „Ereignis" zu werten, wenn einmal eine kirchliche Stelle in Deutschland sich „positiv" zu Fatima geäußert hatte. Und das angesichts der Tatsache, daß das kirchliche Oberhaupt in Rom selbst die Weltweihe vollzogen hat aus Anlaß und im Sinne von Fatima.

Die Gründe für den geschilderten Sachverhalt sind vielfältig. Wir wollen uns vor einer unbilligen Vereinfachung hüten.

Eine der häufigsten Antworten auf die vielen oben gestellten Fragen ist: So etwas liegt uns Deutschen nicht. Marienfrömmigkeit, Marienweihe und dergleichen sind gefühlsmäßige Ausdrucksformen, die vorwiegend in romanischen Ländern aufgebracht worden sind (Grignon von Montfort, Lourdes, Fatima). Diese Antwort ist nun freilich die geringwertigste, die sich denken läßt. Abgesehen davon, daß sich auch, besonders neuerdings, im deutschen Raume ursprüngliche Antriebe für die Marienverehrung aufzeigen lassen, kann niemals die psychologische Struktur von Menschengruppen ausschlaggebend sein dafür, ob man sich um religiöse Akte bemüht, die mit wesentlichen dogmatischen Inhalten unseres Glaubens zusammenhängen. Die Ablehnung religiöser Übungen aus der nationalen und psychologischen Eigenart zu begründen, verrät Subjektivismus. Das führt zu nationaler Eigenbrötelei, die uns aus der christlichen Gemeinschaft der Völker ausschließt. Es verlangt ja niemand, daß wir mit unserem deutschen Temperament Umzüge veranstalten, wie sie in Portugal und anderen Ortes im Zusammenhange mit Fatima stattfinden. Aber den theologischen Gehalt der Marienweihe müßte man auch dem deutschen Volke nahezubringen suchen. Und das ist doch sehr wenig geschehen.

Eine andere Antwort lautet etwa: Wir fürchten eine neue Vermassung, diesmal nur eine solche mit „religiösen" Mitteln. Ist nicht die marianische Bewegung im allgemeinen und die von Fatima mit der Marienweihe im besonderen dazu angetan, das religiöse Niveau der Menschen noch weiter zu senken? Erzeugen wir damit nicht eine vermasste Frömmigkeit, die wir gerade zu verhüten haben?

Diese Antwort greift schon tiefer. Sie ist ernst zu nehmen. Sie durchschaut das Problematische einer „Volksfrömmigkeit". Wir müssen uns mit diesem Begriff der Volksfrömmigkeit auseinandersetzen.

Versteht man darunter die Frömmigkeit des ungebildeten Volkes im Gegensatz zu der Frömmigkeit der Gebildeten und „Eingeweihten", so ist damit sofort eine Kluft aufgerissen, die nicht mehr geschlossen werden kann. Eine Frömmigkeit, die durch einen Mangel an Bildung bedingt ist und die bei zunehmender Unterweisung in Theologie und Philosophie weichen würde, kann keine echte sein. Eine solche Volksfrömmigkeit wäre nur Vulgärfrömmigkeit, in der Nachbarschaft von Aberglauben und Fetischismus. Sie kann niemals verteidigt oder erstrebt werden, selbst dann nicht, wenn auf der anderen Seite die Frömmigkeit der Gebildeten ebensowenig echt und nur die Ausgeburt eines Intellektualismus sein sollte.

Versteht man unter Volksfrömmigkeit die Frömmigkeit des nicht ungebildeten, aber un*ver*bildeten Menschen, der in der Tradition seiner Väter ruht und die überkommenen Formen mit einer schlicht-tiefen Auffassung der Inhalte verbindet, eine Frömmigkeit, die Menschen verschiedenster Stände und Bildungsstufen *gemeinsam* ist, dann ist zu bezweifeln, ob es eine solche Volksfrömmigkeit in einem modernen zivilisierten Volke überhaupt noch gibt. Im Mittelalter mag sie bestanden haben. Oder ist das Volksfrömmigkeit in diesem Sinne, wenn in einer „gut katholischen Gegend" die Leute zwar massenhaft am Allerseelentage kommen, um für die verstorbenen Angehörigen etwas zu gewinnen, aber nicht in der Lage sind, Christus im notleidenden Bruder wiederzuerkennen? Gerade die Menschen aus solchen traditionell katholischen Landstrichen sind nachweislich am anfälligsten, wenn sie in ein anderes Milieu versetzt werden. Am widerstandsfähigsten sind diejenigen, die ihren Glauben im Gegensatz zu einer entgotteten und mechanisierten Welt haben bewußt durchsetzen und in der äußeren Bekundung und Darstellung verteidigen müssen. So in einer Industriebevölkerung mit einem Arbeiterstamm, der sich ein ständisches Selbstbewußtsein erworben hat. Was hier an religiösem Leben ersteht, ist bewußt gegenüber anderen und dem Anderssein der anderen durchgesetzt. Also das Gegenteil einer Volksfrömmigkeit im zweiten Sinne, die auf dem Gleichklange des Volkes beruht. Volksfrömmigkeit in diesem Sinne kann es kaum noch geben, schon mit Rücksicht auf die allgemeine Infiltration durch die Massendämonie, von der oben die Rede war. Es gibt rechtens nur noch eine Frömmigkeit der einzelnen Individualitäten, die freilich gemeinschaftsbildend ist und günstigenfalls später einmal zu einer Volksfrömmigkeit im zweiten Sinne führen kann. Auszugehen ist von einer solchen Volksfrömmigkeit nicht.

Wir wollen also keineswegs das, was oben über die Herz-Marien-Weihe gesagt wurde, in eine Volksfrömmigkeit übersetzen oder als Volksfrömmigkeit verstanden wissen, nicht im zweiten, erst recht nicht im ersten Sinne. Wir sagten schon mehrfach, daß die Botschaft von Fatima davor bewahrt werden muß, zu einem billigen Mittel zur Behebung der Zeitnöte herabgesetzt und zur Sensation zu werden.

Wir müssen also in kleinen Kreisen beginnen. Und zwar damit, den theologischen Gehalt der Herz-Marien Weihe den Menschen nahezubringen, wie wir es in den voraufgehenden Abschnitten versuchten.

Die verhältnismäßig geringe Ausbreitung des Weihegedankens in der Öffentlichkeit hat also zum Teil jedenfalls einen sachlichen Grund in der Problematik der Volksfrömmigkeit. Aber das erklärt nicht alles. Es erklärt nicht, daß an der Ausbreitung des theologischen Gehaltes der Weihe so wenig gearbeitet worden ist. Hier liegt ein Versagen vor. Die minderwertige Vulgärform (die „Kitschigkeit"), in der sich die marianisch Frömmigkeit einschließlich Fatima heute vielfach bewegt, die Tatsache, daß man daraus eine „Volksfrömmigkeit" im ersten Sinne gemacht hat, ist für viele Gebildete und führende Geister nur ein Vorwand um sich dem verpflichtenden Gehalt des Weihegedakens zu entziehen. Es besteht eben vielfach nicht nur eine Hemmung gegenüber der Volksfrömmigkeit, sondern überhaupt gegen eine Frömmigkeit, die Verpflichtungen anerkennt, die nicht aus greifbaren Ideen abzuleiten sind, sondern aus persönlichen Bindungen erwachsen, aus Bindungen, deren Konsequenzen und Forderungen unberechenbar und unabsehbar sind. Sich an das unbefleckte Herz Mariens zu weihen und an dieser Bindung Verpflichtungen abzuleiten, die uns unvorhergesehen treffen können, erscheint vielen als „ungeistig", als etwas, was die „Autonomie der menschlichen Vernunft" herabsetzt. Es sind „idealistische Hemungen", die sich auch der marianischen Frömmigkeit gegenüber geltend machen.

Idealistische Hemmungen

Es gibt unter den Gebildeten einen Frömmigkeitstyp, der nur dort mitzutun bereit ist, wo man das „Gesetz des Handelns" irgendwie mit dem Verstande ableiten und begreifen kann, wo man sich gleichsam als Mitautor des ganzen Unternehmens zu fühlen vermag. Viele haben ihre Glaubensgedanken in einem schönen System abgerundet fertig liegen. Sie wissen genau, was zu glauben ist, und sind auch guten Willens bereit, alles das zu glauben, was die Kirche vorschreibt. Sie geben sich der Schönheit der religiösen Gegenstandswelt auch bis zu gewissem Grade hin. Aber sie merken nicht, daß ihre Freude doch mehr eine Freude am Gedanklichen, schön Abgerundeten und Gelungenen ist als an den *wirklichen* Gegenständen selbst. Sie glauben mehr an ihren Glauben, als an die Wirklichkeiten, die der Glaube vorstellt. Sie bedürfen paradoxerweise keiner Stärkungen durch Glaubensmotive, besondere Bindungen, besondere Ereignisse, weil der Glaube im eigentlichen Sinne gar nicht da ist oder doch hinter dem Gedanklichen zurücktritt (oder dem Ästhetischen). Es sind die „religiösen Genießer".

Deshalb sehen sie natürlich nicht ein, wieso eine persönliche Weihe an das unbefleckte Herz Mariens ihnen irgendeine Hilfe bringen oder irgendetwas zur Realität ihrer Glaubensexistenz hinzugeben könnte. Sie sind bedürfnislos wie der reiche Jüngling. Auch Wunder und dergleichen werden sie „nicht nötig haben" und deshalb für sich persönlich ablehnen. Gott kann sich Seine Wunder nach ihrer Meinung ruhig sparen. Wunder sind etwas für die Ungebildeten (nicht, als wenn sie die Tatsache, daß es Wunder geben könne, bezweifeln wollten!). Sie rechnen es sich noch zum Vorteil an, daß sie Wunder und außergewöhnliche übernatürliche Ereignisse nicht brauchen, und meinen der Weisung Christi zu gehorchen: an das Unsichtbare statt an das Sichtbare zu glauben, nicht zu sehen und doch zu glauben. Eine Abhängigkeit von Maria sehen sie als einen Abfall von Christus an. Die Abhängigkeit von Christus im existentiellen Sinne erkennen sie zwar theoretisch an, spüren sie aber nie. Es sind diejenigen, die theologisch gelehrt vom Ärgernis des Kreuzes reden, aber das Kreuz im entscheidenden Augenblick verleugnen bzw. es gar nicht sehen. Natürlich sind Gnadenorte für sie etwas, was der Vulgärfrömmigkeit vorbehalten ist.

Dieser entwirklichte, idealistische Glaube des „Als ob", der das Glaubenssystem an die Stelle des Glaubens setzt, ist häufiger als man denkt. Er ist ein Kernschaden der heutigen Zeit. Auf ihm beruht weitgehend die „Wirkungslosigkeit des Christentums in der Welt".

Christlicher Realismus

Wir verstehen unter christlichem Realismus die vorbehaltlose Auslieferung an Gott in Christus ohne Rücksicht auf eigenes Wünschen und Wähnen. Zu dieser Auslieferung gehört aber auch, daß wir Gnaden von

Gott anzunehmen bereit sind, die wir an dem betreffenden Orte, zu der bestimmten Zeit mit rationaler Vorhersage in keiner Weise erwarten konnten. Daß wir in den Sakramenten Gnaden empfangen, das haben wir gelernt. Aber daß wir an Gnadenorten unter von uns in keiner Weise gesetzten und beeinflußten Bedingungen Gnaden empfangen, die so an keiner anderen Stelle ausgeteilt werden, das ist uns ein Ärgernis. Man verargt Gott die „illegale" Austeilung von Gnaden. In der Tat, die Annahme solcher Gnaden und ihre Anerkennung verlangt von uns eine besondere Verdemütigung, wie sie durch eine Unterwerfung unter eine geistige Autorität so nie hätte erreicht werden können.

Aber gerade diese Verdemütigung ist uns heute not als Überwindung des idealistischen Rationalismus, der in unsere Frömmigkeit eingedrungen ist. Sie gehört mit zum christlichen Realismus, der vorbehaltlosen Auslieferung an Gott in Christus. Ist es nicht tief sinnvoll, daß es solche Gnadenorte gibt, obwohl wir Christus mit Seiner Gottheit in jeder Kirche im Sakrament haben? Christus ist dem Priester gewissermaßen in die Gewalt gegeben. Der Priester bestimmt Raum und Zeitpunkt der Wandlung. Ist es da nicht wie eine notwendige ausgleichende Verdemütigung, daß Gott Gnaden spendet an von uns nicht erwählten Orten? — In den Gnadenorten will Gott zeigen, daß Er begnadet, wen Er will, wo Er will und wann Er will; daß man Gott da *suchen* muß, wo Er sich zeigt; daß man ihn da *hören* muß, wo Er spricht, und *dann* hören muß, wenn Er die Zeit dazu bestimmt. Das ist der christlich-realistische Sinn der Gnadenorte.[13]

Wie die Gnadenorte für den Gebildeten oft ein Ärgernis bedeuten, aber gerade darin auf den Mangel in unserer „gebildeten" Frömmigkeit hinweisen, zeigt folgendes Erlebnis. Ein gelehrter Theologe fragte einen anderen: „Warum sollte nicht die Muttergottes in Fatima erscheinen können? Grundsätzlich kann man das doch nicht ausschließen?" „Gewiß *kann* sie das", war die Antwort, „aber so, wie ich Ihnen eine Ohrfeige geben *kann*!" Was nicht in den berechneten theologischen Rahmen paßt, ist eine Ohrfeige!

Was uns heute not tut, ist der Gehorsam des Syrers aus dem Morgenlande, der gesagt bekam von Eliseus: Wasche dich sieben mal im Jordan, so wirst du gesund! Das war eine überraschend einfache Verordnung. Der Syrer konnte sagen, und er hat es zuerst gesagt: Gibt es nicht auch in meiner Heimat Ströme genug? Mußte ich deshalb kommen? Wasche ich mich nicht auch sonst? Aber indem er gehorsam Folge leistete, wurde er gesund.

In der Botschaft von Fatima sind ganz einfache Dinge von uns verlangt, nichts, was nur Gebildeten vorbehalten ist. Aber indem wir diese einfachen Dinge im Gehorsam tun, werden wir gesund, erhalten wir ein

---

[13] Diese Sinndeutung der Gnadenorte in den voraufgehenden Sätzen verdanke ich Heinrich Spaemann.

Heilmittel für unsere Zeit, die nichts mehr nötig hat als Demut und Gehorsam. Für diesen Gehorsam ist freilich Vorbedingung die Bußgesinnung, wie sie im ersten Punkt der Botschaft gefordert ist. Vorausgesetzt sind Ehrfurcht und Liebe zur Gottesmutter um ihrer Stellung im Heilsplane willen. Sind diese aber da, so wird die heilende Wirkung nicht ausbleiben.

Das bedeutet keine Gleichmacherei. Denn die Stellung Mariens im Kosmos und im Heilsplan, die theologische Begründung der Weihe wird von den einen tiefer als von den anderen erfaßt werden. Aber es sind dann doch gemeinsame Inhalte da, für Gebildete und weniger Gebildete. So läßt sich die Absonderung esoterischer Kreise von Kirchen in der Kirche verhüten oder überwinden. Vielleicht kommt es dann auch eines Tages wieder zu einer echten Volksfrömmigkeit. Die Gottesmutter möge es erbitten. Aber anfangen müssen wir in kleinen Kreisen, und zwar mit dem theologischen Gehalt der Herz-Marien-Weihe. Daß es aber nur einen Wiederaufstieg in unserem Volke geben wird, wenn es zu einer echten religiösen Volksbewegung kommt, ist freilich unsere Überzeugung. Daß die Weihe an das Unbefleckte Herz Mariens einen wesentlichen Weg dazu bedeutet, ist uns ebenso gewiß.

Wandlungen in der Frömmigkeitsform

Wir möchten mit einem Gedanken schließen, der sich mit Wandlungen der Frömmigkeitstypen in den letzten Jahrzehnten befaßt.

Es gab eine Zeit, die wir die des religiösen Individualismus und Subjektivismus nennen möchten. Ziel war die eigene Selbstvervollkommnung um ihrer selbst willen. Die Aszese wurde einseitig betont, d.h. es war eine Aszese, die durch Opfer und oft „Öpferchen" das eigene Seelenheil zum Hauptinhalt der religiösen Betätigung machte. Es ist das, was in Bremond „Das wesentliche Gebet" der „Aszetismus" genannt wird. Das Leitwort war das berühmte „Rette deine Seele!" Dieser Typ enthält notwendige Elemente der christlichen Existenz, aber er ist einseitig.

Darauf folgte als notwendiger Gegenschlag die reine devotio in der Objektivität. Die Ehre Gottes wurde an die erste Stelle gesetzt. Der religiöse Akt hat nur objektiv der Würde Gottes und Seiner Vorschrift gemäß zu sein. Jeder Nutzen, auch der für das eigene Seelenheil, wurde aus dem Blickfelde verwiesen. War der Akt der ersten Richtung subjektiv und kausal auf die Veränderung des Selbst gerichtet, so ist der der zweiten objektiv und intentional, in sich selber sinnvoll und ruhend, nur auf das objektiv Gemeinte bezogen. Der Akt genügte sich in der Adäquatheit zur göttlichen

Herrlichkeit. Es ist der Aufbruch der liturgischen Bewegung.

Nun aber können wir eine Synthese der beiden Richtungen auf einer höheren Ebene vollziehen. Der religiöse Akt wird wieder kausal, aber nicht vorwiegend auf das Subjekt bezogen, sondern die Gemeinschaft der Mitmenschen, auf das Reich Gottes, das sich ausbreiten soll auch im irdischen gesellschaftlichen Bereich. Wir wollen wieder *wirken*. Was im Vorstehenden über die neuen Ordnungen und die Überwindung der Massendämonie gesagt wurde, gehört in diese Richtung. Der Gedanke der Gemeinschaft war schon in der zweiten Richtung vorhanden. Er wird weitergeführt. Aber es ist nicht die Gemeinschaft, die vor Gott feiernd sich selbst genügt, sondern die Gemeinschaft, die dynamisch, expansiv wirkt und die Welt heimholen will durch Buße und Sühne. Die Gemeinschaftsverpflichtung schließt die noch unerlöste Welt ein, während die zweite Richtung den missionarischen Charakter vermissen ließ. Die Ehre Gottes wird wie in der zweiten Richtung an die erste Stelle gerückt. Aber diese Ehre Gottes sucht sich eine bestimmte Materie: die Veränderung der Welt im Sinne der neuen Ordnung und der Zerstörung der Unordnung. Man könnte mit Vorbehalt sagen: Wir wagen wieder, im Religiösen zugleich politisch (im allgemeinsten Sinne) zu sein. Die soziale Neuordnung gehört zum religiösen Themenkreise selbst. Wesentlich ist ferner der religiöse Personalismus, aber im klaren Unterschied zum Gefühlssubjektivismus der ersten Richtung, aber in etwa auch zur zweiten Richtung, die zu einer gewissen Überobjektivität und Nurobjektivität und einem impersonalen Zug neigen könnte.

Ohne die Erweiterung in der genannten Synthese käme die zweite Richtung in Gefahr, zu einem religiösen l'art pour l'art zu erstarren. Aber auch umgekehrt verdanken wir bei der Synthese Unverlierbares der zweiten Richtung: in aller Weltwirksamkeit darf der Eigen-Sinn der religiösen Hingabe und des Opfers nicht verloren gehen. Deshalb betonten wir so stark, daß die Marienweihe ihren Sinn in sich selber hat, als Anerkennung und Bejahung der Stellung Mariens im objektiven Heilsplan. Die Wirkung auf die Welt ist aber unausbleiblich.

Die Herz-Marien-Weihe scheint uns ein Kerngeschehen dieser Synthese im Frömmigkeitsleben zu sein.

ZUM AUTOR

Hans-Eduard *Hengstenberg*, Dr. phil., o. Prof. für Philosophie an der Universität Würzburg, entpflichtet am 30. September 1969. Er wurde am 1. September 1904 in Homberg-Niederrhein (jetzt zu Duisburg gehörig) geboren. Hengstenberg ist Verfasser philosophischer und theologischer Schriften, die sich vor allem zur Aufgabe machen, dem heutigen Menschen mit neuen Denkmitteln einen Zugang zur traditionellen Philosophie und Theologie zu schaffen. Hauptziel ist die Begründung eines metaphysischen Realismus unter Reform der ontologischen und erkenntnistheoretischen Prinzipien.

Von seinen Schriften seien genannt: „Erkenntnis als Urphänomen", „Autonomismus und Transzendenzphilosophie", „Der Leib und die letzten Dinge" und „Dichtung".

STIMMEN ZUM BUCH

Der aus vielen Abhandlungen bekannte Schriftsteller
schenkt uns einen fundierten Aufriß der Geschichte
der Marienverehrung und geht dort in der Volksfrömmigkeit — und nicht nur dort — festverankerten Herz-
Marien-Weihe nach. In Frankreich mit der Literatur
über Fatima vertraut geworden spürte Hengstesberg
die große Bedeutung der Marienverehrung für unsere
Zeit und schrieb dieses Klarheit und Sicherheit atmen-
de Buch.

Die Tagespost

Selbst wenn uns nur der Gegenstand und seine Tradition in der Gesamtkirche fremd geworden sind, so bleiben wir doch nicht im Zweifel darüber daß hier ein
Zeugnis der lebendigsten und bestgewillten Kräfte des
jungen Katholizismus vorliegt.

Protestantisches Deutsches Pfarrerblatt